国　际　法　文　库

黄进 总主编　肖永平 执行主编

| 译著系列　霍政欣 主编 |

Explanatory Report on the 2006 HAGUE SECURITIES CONVENTION

《海牙证券公约》解释报告（第二版）

[英] 罗伊·古德　[日] 神田秀树　[德] 卡尔·克罗泽　著

[瑞士] 克里斯托夫·贝纳斯科尼（海牙会议常设事务局）　协助

梁雯雯　译

法律出版社
LAW PRESS·CHINA

北京

The simplified Chinese translation of the “Explanatory Report on the 2006 Hague Securities Convention” was prepared by Dr Wenwen LIANG. The subsequent layout and publication were carried out by Law Press China.

ISBN 978-7-5197-6770-9
Printed in Beijing, People's Republic of China.

《海牙证券公约》解释报告的简体中文译本由梁雯雯博士翻译，由法律出版社有限公司进行排版和出版。

ISBN 978-7-5197-6770-9
印刷于北京，中华人民共和国

著作权合同登记号
图字：01-2021-0198

总序一

当今之世界，随着全球投资贸易不断增长，科学技术特别是信息技术飞速进步，通信和交通日益便捷，人文交流蓬勃发展，经济全球化、政治多极化、文化多元化、社会网络化、法律趋同化已成为天下大势。在这种背景下，作为国际社会最为重要的行为规范，国际法在全球治理中发挥着不可替代的作用。

今日之中国，秉持“创新、协调、绿色、开放、共享”五大发展理念，正在全面建设小康社会、全面深化改革、全面推进依法治国、全面从严治党、全面参与全球治理。在这个过程中，国家始终坚持统筹国内、国际两个大局，于内，追求实现“两个一百年”奋斗目标，追求实现中华民族伟大复兴的中国梦。于外，坚定不移对外开放，参与全球治理；坚持和平发展、合作共赢；积极构建中国特色大国外交，完善对外战略布局，既“请进来”，又“走出去”，加快推进“一带一路”建设；坚决维护国家主权、安全、发展利益，争取良好国际环境，维护世界和平稳定，促进各国共同发展，打造“人类命运共同体”。毫无疑问，坚持统筹国内、国际两个大局，不仅要全面推进依法治国，加强国内法治，而且要在全球治理中高度重视和善于发挥国际法的作用，加强国际法治，推进国内法治与国际法治良性互动，特别是要完善中国自己的涉外法律法规体系，积极参与国际规则的制定，增强中国在国际法律事务中的话语权和影响力，运用法治思维和法治方式依法处理涉外事务，强化涉外法律服务，加强国际法治合作。

当下之中国国际法学界，经过改革开放30多年的建设和发展，可以肯定地说，国际法学科体系不断健全，学术队伍不断壮大，国际学术交流与合作不断拓展，学术水平和创新能力不断提高，培养了一大批国际法专门人才。而且，广大国际法专家学者解放思想、实事求是、求真务实、与时俱进，深入研究和回答中国改革开放面临的国际法理论和实践问题，产出了一大批有分量的学术成果，为国际法学的繁荣发展和国家改革开放及现代化建设做出了重要贡献。但应该指出的是，中国国际法学领域还存在一些亟待解决的问题。比如，国家缺乏整体的国际法学科发展战略规划，国际法学科建设放任自流，各国际法机构各自为阵；国际法人才队伍学术原创能力和解决实际问题的能力不强，活跃在世界国际法舞台的人才不多，总体素质亟待提高；国际法人才培养体系不健全，德行教育与知识传授相分离、理论培养与实践训练相脱离、国内培训与国际培训相隔离；国际法学术研究缺少精品力作，还没有产出具有广泛国际影响的创造性思想成果和理论成果，在国际规则制定和国际法律事务中的话语权和影响力不大。可以这样说，中国国际法学界目前在学术命题、学术思想、学术观点、学术标准、学术评价、学术话语上的能力和水平同中国综合国力和国际地位还不太相称。

综上所述，国际法在国际社会中的重要地位日益凸显，中国全面推进依法治国、对外开放、参与全球治理，亟须掌握和运用国际法，中国国际法学界仍处于有数量缺质量、有专家缺大师以及作用没有充分发挥出来的状态。我们所处的时代表明，这是一个需要国际法的时代，这是一个需要国际法理论创新而且一定能够产生国际法新理论的时代，这是一个需要国际法思想而且一定能够产生国际法新思想的时代。所有这些，正是我们编辑出版“国际法文库”以推动国际法学繁荣发展的初衷。

“国际法文库”将坚持兼容并包、思想自由。主张立足中国、借鉴国外，挖掘历史、把握当代，关怀人类、面向未来，着力推进构建既具有中国特色、中国风格、中国气派，又能进入世界学术话语体系的国际法学。

“国际法文库”将坚持问题导向。面对中国改革开放的新常态、国际局势的新变化，世界范围内各种思想文化交流交融交锋的新形势，只有聆听时代的声音，回应时代的呼唤，认真研究国家深化对外开放、全面参与全球治理的重大而紧迫的问题，才能真正把握历史脉络，找到发展规律，推进国际法理论创新和全球治理实现良法善治。

“国际法文库”将坚持跨学科研究。国际法律问题涉及国际社会生活的方方面面，具有跨学科性，需要从多学科视角，运用学科交叉融合的方法，进行跨学科研究。也就是说，对于国际法律问题，不仅要从国际公法、国际私法、国际经济法等国际法学视角进行研究，而且还要从宪法、行政法、民商法、刑法、诉讼法等国内法学视角进行研究；不仅要从法学视角进行研究，而且还要从国际政治、世界历史、全球经济、人类社会变迁、多元文化交融、地球生态文明等视角进行研究。跨学科研究在于坚持用联系的发展的眼光看待问题，增强研究的整体性、系统性、协调性、战略性，促进问题合情、合理、合法的解决。

“国际法文库”将坚持创造创新。创新是一个民族进步的灵魂，也是引领理论发展的动力。创新，就是有所发现、有所发明、有所创造。国际法理论的生命力在于创新，只有不断进行探索，才能推进国际法思想创新、知识创新、理论创新、制度创新、方法创新。国际法理论创新要从问题开始，发现问题、筛选问题、分析问题、研究问题、解决问题的过程就是创新的过程。国际法理论创新不必贪大求全，发现新事实、新材料、新现象是创新，阐明一个新原理、提出一种新学说、揭示一条新规律是创新，发明一项新技能、找到一条新路径、创造一种新方法也是创新。

“国际法文库”设专著系列、译著系列、实务系列、文集系列，是法律出版社与武汉大学国际法研究所共同打造的学术品牌。法律出版社在中国出版界特别是法学、法律出版领域的龙头地位自不待言。这里有必要对武大国际法所多说几句。武大国际法所是我国著名法学家、教育家、国际私法一代宗师韩德培先生于 1980 年创办的，是我国高校设立的第一个国际法研究所。该所自创立以来，自强不息，追求卓越，先后培养了一大批已在学术和实务方面崭露头角的国际法专门人才，先后产出了一大批具有较高水平的国际法学术成果，先后两次被评为国家级重点学科，2000 年被确定为教育部人文社会科学重点研究基地，2015 年入选首批国家高端智库。可以肯定地说，武大国际法所是当今中国国际法领域的学术重镇，不断推进中国国际法人才培养、科学研究和新型智库建设，不仅是它义不容辞的责任，更是它崇高而神圣的使命。正是基于这种情怀，武大国际法所与法律出版社携手合作，设立了“国际法文库”。这是为中国国际法学界开辟一块新的学术园地，建造一个新的学术舞台。“国际法文库”是自由、开放、包容、多元的，海内外的国际法同仁都可以在这块园地里辛勤耕耘，春播夏种、秋收冬藏；也都可以在这座舞台上翩翩起舞，崭露头角、一展锋芒。我真诚希望，所有以国际法为志业、立志为中国国际法事业做出贡献的海内外同仁,都能把“国际法文库”视为我们共同的国际法事业的一部分,关心之、支持之、帮助之、鞭策之,勿忘初心、久久为功,去迎接我们共同期待的中国国际法学界百花齐放、百鸟争鸣的春天。

是为序。

 *

2016 年 12 月 1 日于北京

* 黄进,法学教授,中国法学会副会长,中国国际私法研究会会长。

总序二

随着中国日益接近世界舞台的中央,我国迫切需要加强国际法律共同体建设,利用国际法维护世界和平和人类命运共同体以及可持续发展,保障中国的正当利益。因此,不管是国际法制度构建,还是国际法理论创新,抑或国际法实践引领,中国都需要从“被动适应者”向“主动引领者”转变。

由我国著名法学家、教育家、社会活动家、国际私法一代宗师韩德培先生创办的武汉大学国际法研究所是1980年由原国家教委批准成立的中国高校第一个国际法研究机构;1981年设立博士点;1995年建立博士后流动站;1996年被列为国家“211”工程重点建设基地;2000年被教育部批准为普通高等学校人文社会科学重点研究基地;2004年被批准为“985”工程哲学社会科学创新基地;2015年被中宣部确定为首批国家高端智库试点建设单位。她一贯秉持国际公法、国际私法、国际经济法的全面和综合研究,积极拓展联合国法、欧洲联盟法、国际能源法、电子商务法、国际发展法、国际网络法、国际投资法、国际金融法、国际体育法、世贸组织法、海洋法和海商法等前沿学术领域,形成了学科研究方向齐全、学科发展水平一流、咨政服务能力突出、教学科研成果领先的鲜明特色。

但是,不管是作为教育部的人文社会科学重点研究基地,还是作为国家高端智库,仅仅依靠一个研究所的力量难以实现中国国际法理论的创新,难以实现中国从国际法的“被动适应者”向“主动引领者”的转变。当下,中国面临的问题在全球化进程中越发凸显其复杂性,许多问题往往需要从不同学科、不同视角、不同谱系进行合理的理论解释、作出正确的政策选择;而不同学者、学术机构、智库在不同领域具有相对优势,或者因所在区域不同而存在区域政策问题的竞争优势。因此,团结、组织中国国际法学者共同攻关、协同创新是获得国际竞争优势、创新中国国际法理论,进而实现中国从国际法的“被动适应者”向“主动引领者”转变的必由之路。正是出于这种考虑,我们与法律出版社合作出版“国际法文库”,希望集中展示中国学者的国际法著述和学术见解,及时传播国外国际法学界的最新研究成果,协同研究中国面临的重大国际法实践问题,不断增强中国国际法理论的国际话语权,不断提升中国国际法制度的国际吸引力,不断提高中国国际法实践的国际影响力。

因此,“国际法文库”将面向中国国际法理论界和实务界广泛征集选题,通过自荐与他荐相结合的方式,由丛书编辑委员会根据其学术性、思想性和创新性决定出版选题。本文库分为专著系列、译著系列、实务系列和文集系列。

专著系列旨在集中呈现中国学者在国际法领域的理论研究成果,引导中国国际法学界关注国际学术动态、设置前沿学术议题、营造良好学术风气,推动中国国际法理论创新。以学术性和创新性为选题标准,主要出版中国学者关于国际法领域具体问题的创新性研究成果。

译著系列旨在全面推介国际社会国际法理论的经典著作和最新成果,促进中外国际法理论的交流与交锋,促使中外国际法实践的互动与创新。以思想性与新颖性为选题标准,主要出版国际社会在20世纪90年代以后创作或再版的国际法著作的译作。

实务系列旨在在中国国际法理论研究和实践运用之间架起桥梁,促使中国国际法研究更加贴近国家和社会的现实需要,在国际法理论的支撑下运用国际法规则分析和解决实践中出现的问题。以对策性与实用性为选题标准,主要出版针对实践中的国际法问题,特别是与中国密切相关的国际法问题的著作,强调贴合国家对外交往实际需要,关注操作层面的问题选择、分析和解决方案。

文集系列旨在及时反映中国国际法学界举办的学术会议成果,提高学术交流的质量,加强学术交流的深度,扩大学术交流的影响。以新颖性与可行性为选题标准,主要出版能够设置学术议题、引领理论前沿的论文集。

我们相信,在中国国际法学界同仁的关心、支持与积极参与下,“国际法文库”一定能够实现上述目的,为中国国际法的理论创新、制度变革和实践引领贡献她应有的智慧、发挥她应有的作用。

*

2017 年元旦于武汉

* 肖永平,武汉大学国际法研究所所长,长江学者,法学教授,中国国际私法研究会常务副会长。

秘书长的说明

我谨代表海牙国际私法会议,很高兴看到《〈海牙证券公约〉解释报告》第二版的中文(简体)译本出版。

中国国内的证券持有传统上大多优先采用直接持有,但中国资本市场的日益开放凸显了经由中介持有证券的意义。在这些背景下,2006 年《海牙证券公约》为中介化证券的跨境持有和转让提供了必要的确定性和可预见性,而且重要的是与中国法律一致。

我本人有幸多次见到梁雯雯博士,知道她在多年广泛研究中介化证券和金融法的经验的基础上,孜孜不倦地致力于这个译本。我要感谢她一直以来的付出,并祝贺她完成了这本书的出版。这无疑有助于《海牙证券公约》在中国的推广,并对中国有所裨益。

克里斯托夫 · 贝纳斯科尼

2022 年 11 月 9 日

A Note from the Secretary General

On behalf of the Hague Conference on Private International Law (HCCH), I am delighted to see the publication of this Chinese (Mandarin) translation of the second edition of the Explanatory Report to the Convention of 5 July 2006 on the Law Applicable to Certain Rights in Respect of Securities held with an Intermediary (HCCH 2006 Securities Convention).

The traditional Chinese domestic system for holding securities prioritises direct holding in most instances; however, the increasing opening up of Chinese capital markets has underscored the relevance of securities held with an intermediary. In these contexts, the HCCH 2006 Securities Convention offers the certainty and predictability that is necessary in cross-border holdings and transfers of intermediated securities in a manner which is, importantly, compatible with Chinese law.

On a personal note, I have had the privilege to meet Dr Liang on many occasions and know that she has worked tirelessly to prepare this translation, drawing upon her many years of experience researching intermediated securities and financial law more broadly. I would like to thank her for continued engagement and congratulate her on the finalisation of this publication, which will undoubtedly contribute to the promotion of the Convention and its benefits throughout China.

Christophe Bernasconi
9 November 2022

前　言

2006年7月5日《关于经由中介持有的证券的若干权利的适用法律的海牙公约》(以下简称《海牙证券公约》)生效之际,我很荣幸推出这本重新设计的第二版解释报告。

《海牙证券公约》反映了务实的方法,基于现实需要,旨在实现中介化证券跨境持有转让中重大实际问题的适用法律的事先确定性和可预见性。因此,《海牙证券公约》明显提高了全球证券市场的跨境交易效率,降低了系统性风险,便利了跨境融资。

需要统一冲突规范,以符合证券持有转让(以无纸化和固定化证券的证券账户的电子簿记的借记和贷记)的现状。最近几十年,技术进步导致跨境证券的交易价值、数量和速度剧增。转让完善、顺位和其他效力的适用法律的不确定性增加了日常交易成本,严重妨碍了降低借贷和流动性风险。无担保借贷风险的增加,放大了系统性风险和破产扩散。因此,国际法律和金融界长期强调中介化证券交易需要统一的冲突规范。

《海牙证券公约》在2006年海牙会议第十九届大会期间一致通过后,一直得到核心行业组织支持,包括30人集团(Group of Thirty, G30)一贯的坚决支持,其建议《海牙证券公约》"尽快被尽可能多的国家批准"。《海牙证券公约》的复杂主题似乎导致缔约国数量在短期内增长有限。但加入《海牙证券公约》的国家(毛里求斯、瑞士和美国）大多都有发达的金融市场，并已开始从《海牙证券公约》提供的确定性中受益。这正凸显出《海牙证券公约》的重要性，而《海牙证券公约》生效也必将吸引更多国家加入。

《〈海牙证券公约〉解释报告》由罗伊·古德（Roy Goode）教授（英国）、神田秀树（Hideki Kanda）教授（日本）、卡尔·克鲁泽（Karl Kreuzer）教授（德国）完成，我很荣幸地协助了这个过程。我还想借此机会再次对三位报告员在整个谈判中的杰出贡献、宝贵的起草工作以及对《海牙证券公约》的持续支持致以诚挚的感谢。

需要指出，《〈海牙证券公约〉解释报告》文本无实质变更。第二版是适时庆祝《海牙证券公约》生效，并主要为实际需要而推出，因第一版已脱销。该版的新设计和编排以及本前言，使《〈海牙证券公约〉解释报告》与海牙会议其他出版物一致。

《〈海牙证券公约〉解释报告》是对《海牙证券公约》及其实施的权威和最全面的解释。其包括两部分：概述（第一部分）和《海牙证券公约》条款评述（第二部分）。第一部分是对《海牙证券公约》的简介，包括谈判过程和核心特征。第二部分全面逐条评述《海牙证券公约》文本，附有多个实例，更有效地说明条款的实施。

《海牙证券公约》于2017年4月1日生效，在此我衷心希望《〈海牙证券公约〉解释报告》继续对缔约国和《海牙证券公约》评价人，包括全球中介化证券市场参与者和律师等有所帮助。这些人员将从《海牙证券公约》提供的法律确定性和可预见性中受益。

秘书长

克里斯托夫·贝纳斯科尼（Christophe Bernasconi）

2017年4月1日

Contents

目录

第一部分 概　　述

第二部分 《海牙证券公约》条款评述

第三部分 附　件

第一部分 概　　述

一、关于经由中介持有的证券的海牙项目的历程[①]

概述-1 《关于经由中介持有的证券的若干权利的适用法律的海牙公约》(以下简称《海牙证券公约》)[②]的工作,源于2002年5月8日至12日在海牙召开的海牙国际私法会议(以下简称海牙会议)一般事务和政策特别委员会期间的一个提议。会上,澳大利亚、英国和美国共同提议,海牙会议以快速程序通过关于经由中介持有的证券的权益和处分的适用法律公约。关于是否有必要在国际上统一冲突规范,国际法律界和金融界已激烈讨论了近10年。[③]

---

① 本报告附件二简要回顾该项目最重要的中间阶段;另外,附件三附有本项目相关的准备文件(略)。概述-78介绍准备文件的意义。

② 本报告附件一附有《海牙证券公约》全文;具体条款评述(本报告第二部分)也附有该条款。

③ See in particular: Euroclear, *Cross-Border Clearance, Settlement and Custody: Beyond the G30 Recommendations*, Brussels 1993, p. 62; Randall Guynn, *Modernizing Legal Rules to Reduce Settlement Risk*, 1 Capital Markets Forum Yearbook, IBA 1993, pp. 172 - 179; Marc van der Haegen, *Transfer and Collateralization of Book-Entry Securities in Belgium*, IBA 1994; *Shaping the Global Back-Office: A Front-Office Concern*, Price Waterhouse 1994, p. 164; Robert Rice, *No Certainties about Securities*, Financial Times (21 November 1995), p. 15; Robert Rice, *Esurgente armonizar las legislaciones mundiales de valores*, Expansión (2 December 1995), p. Ⅵ; Randall D. Guynn, *Modernizing Securities Ownership, Transfer and Pledging Laws*, A Discussion Paper on the Need for International Harmonization, with Responding Comments by Professor James Steven Rogers (USA), Professor Kazuaki Sono (Japan) and Dr Jürgen Than (Germany), Capital Markets Forum, Section on Business Law, IBA 1996(paper available in pdf format on the Internet at http://www.dpw.com/iba.modernization.pdf); Roy Goode, *The Nature and Transfer of Rights in Dematerialised and Immobilised Securities*, 2 Capital Markets Forum Yearbook, IBA 1996, pp. 399 - 421; Letter Endorsing IBA Law Reform Proposals from the International Society of Securities Administrators (22 July 1996) [now called International Securities Services Association]; Stéphane Mouy & Hubert de Vauplane, *La réforme du nantissement des titres dématérialisés*, Banque & Droit July August 1996, pp. 3 - 7; Uniform Law Conference of Canada (ULCC), Tiered Holding System-Uniform Legislation Project, Report of the Production Committee, April 30, 1997, drawn up by Eric Spink (Reporter); Letter from the International Primary Market Association to Mr Marc Vereecken, Administrator, European Commission (22 May 1997); Letter from the International Swaps and Derivatives Association to Mr Marc Vereecken, Administrator, European Commission (22 May 1997); *The Oxford Colloquium on Collateral and Conflict of Laws*, A Special Supplement to Butterworth's Journal of International Banking and Financial Law, September 1998; Randall D. Guynn / Nancy J. Marchand, *Transfer of Pledge of Securities held through Depositories*, in: Hans van Houtte (ed.), The Law of Cross-Border Securities Transactions, London 1999; Dicey & Morris, The Conflict of Laws, 24 - 064 (13th ed. 2000).

概述－2 这些讨论表明，技术革新导致跨境证券交易、速度和交易额增长，因此，急需能反映证券持有、转让和担保的现实（通过证券账户的电子簿记持有证券）的冲突规范。在经济合作与发展组织国家，政府和公司证券交易和担保的日交易额达2万亿美元。即每18天的交易额超过全球GDP总额（2003年为360亿美元④）。如果投资者和提供信贷的人无法预先确定对经由中介转让和质押的证券权益的法律性质的适用法律，可能妨碍他们进行经济有利且避险的交易。这可能降低私人和政府发行的证券的价值，提高他们的资本成本。同时，可能降低证券作为担保品的价值，人为抬高一国借贷成本。总之，转让和质押的完善、顺位和终局性的适用法律不确定性，增加了日常交易的摩擦成本，严重妨碍了降低信贷风险和流动性风险。

概述－3 在资金紧张时期，法律不确定性可能同时导致流动性迅速枯竭。越来越多的金融机构持有对其他机构的总价数十亿美元的请求权。在金融萧条时期，法律不确定性往往加剧。这时，面临无担保信贷风险的人一般表现得绝望。如果无法确定能否通过担保品受偿以大幅减少总债权，信贷需求方这时可能无法以任何代价获得足额信贷，徒增系统性风险（主要市场参与者破产对市场整体产生多米诺骨牌效应），加剧破产数量。不愿向陷入财务困境的机构授信，或者不愿与之进行新交易的心态可能迅速蔓延到其他机构，放大系统性风险。

概述－4 不再可能隔离国内发行人、投资者、市场与全球市场、相关的摩擦成本及风险。本地发行人、投资者和市场现已构成相互依赖的更大网络和日益全球化的市场。全球市场交易额和速度的爆炸式增长导致纯粹关注国内不再可行。

概述－5 执业律师为各种证券转让或质押安排的可强制执行效力、顺位或终局性提供法律意见，深知传统冲突规范的缺陷。越来越多的金融决策者和其他观察人士也注意到了这些缺陷。⑤ 多数冲突规范和冲突规范适用的

---

④ See World Data Profile, available at www. worldbank. org/data/quickreference/quickref. html (World Bank Group).

⑤ See Group of Thirty Study Group Report, Global Clearing and Settlement: *A Plan of Action-Twenty Recommendations that Constitute a Plan of Action for Global Clearing and Settlement*, issued in January 2003 (http://www. group30. org/home. php); see in particular Recommendation 15.

事实之间的现有鸿沟,反映了对证券持有、转让和质押的过时的假设。[6]

概述-6 鉴于这些关切,2000年5月召开的特别委员会会议一致建议,海牙会议将此问题纳入未来工作日程并优先考虑,在下次外交会议召开之前即召集专家会议,与其他国际组织和私人部门合作考察,对此问题制定新的法律文件的可行性。[7] 由于涉及经由中介持有的证券的金融交易的巨大交易量和交易额,所以该项目采取快速程序;有人强调,迫切需要为金融市场提供法律确定性和可预见性,尤其是处分经由中介持有的证券的完善要件的适用法律。

概述-7 为准备提议的专家会议,常设事务局准备了全面的报告,指出说明该领域最重要的问题,并考察可能的方案。[8] 在2001年1月(加拿大)凯瑟琳·萨博女士主持的专家会议上,不仅决定海牙会议应以快速程序对该领域制定新的文件,而且成立了(英国)罗伊·古德教授任主席的起草委员会,起草委员会已提出包含《海牙证券公约》核心条款的草案第一稿。[9]

---

⑥ 传统冲突规范适用于经由中介持有的证券的缺陷的实例说明,参见理查德·波托克(Richard Potok)主编的全面的比较法著作。See *Cross Border Collateral: Legal Risk and the Conflict of Laws*, London 2002.

⑦ See the *Conclusions of the Special Commission of May* 2000 *on General Affairs and Policy of the Conference*, prepared by the Permanent Bureau, Prel. Doc. No 10 of June 2000, for the attention of the Nineteenth Session, pp. 25-26.

⑧ C. Bernasconi, *The Law Applicable to Dispositions of Securities Held Through Indirect Holding Systems*, Prel. Doc. No 1 of November 2000 for the attention of the Working Group of January 2001.

⑨ 起草委员会由下列专家组成(未指出期限的为全程参与项目):罗伊·古德(主席,英国)、拉尔斯·阿弗雷尔(Lars Afrell,瑞典)、奥拉夫·克里斯特曼(Olaf Christman,德国)(2001年1月至2002年9月)、迭戈·德沃斯(Diego Devos,比利时)、菲利普·杜邦(Philippe Dupont,卢森堡)、亚历山大·德·丰特米歇尔(Alexandre de Fontmichel,法国)(2002年1月至12月外交会议期间)、弗朗西斯科·加奇马丁·阿尔费雷斯(Francisco Garcimartín Alferez,西班牙)、埃尔维·勒根(Hervé Le Guen,法国)(2001年1月至2002年1月)、神田秀树(日本)、卡尔·克鲁泽(德国)、盖·莫顿(Guy Morton,英国)、马克西姆·派瑞(Maxime Paré,加拿大)(2001年10月至2002年3月)、乌尔里克·兰姆斯考·邦·佩德森(Ulrik Rammeskow Bang-Pedersen,丹麦)、费边·雷乌斯(Fabian Reuschle,德国)(2002年12月外交会议期间)、吉姆·罗杰斯(Jim Rogers,美国)[由乔伊斯·汉森(Joyce Hansen,美国)指派2002年5月至12月外交会议期间参加]。主席还邀请下列国际律师协会代表作为国际私人部门代表参与起草委员会工作:兰德尔·盖恩(Randall Guynn)[达维律师事务所(Davis Polk & Wardwell)]和安托万·玛菲(Antoine Maffei)[德·帕迪厄·布洛卡斯及玛菲律师事务所(De Pardieu Brocas & Maffei)]。常设事务局代表是克里斯托夫·贝纳斯科尼及其项目法律顾问理查德·波托克。最后,起草委员会从迈克尔·休伯(Michael Huber)(达维律师事务所)的技术支持受益。

概述－8 2001年1月专家会议后，在项目法律顾问（澳大利亚）理查德·波托克先生协助下，常设事务局开始组织和监督创新的非正式工作进程。鉴于该项目的技术性、迫切性以及海牙会议在相关领域的有限工作，常设事务局和负责《海牙证券公约》项目的克里斯托夫·贝纳斯科尼博士（第一秘书），与波托克先生全程密切合作。波托克先生作为澳大利亚代表在2000年5月的会议上做了报告，大力协助其他成员国代表了解项目性质并评价其实际意义，尤其是协助建立深入的行业代表的网络，与其讨论《海牙证券公约》拟建立的法律框架的实际问题，并组织协调非正式工作进程。鉴于该主题具有高度专业性以及亟须迅速完成《海牙证券公约》，人们认为确有必要采取非正式工作程序。非正式工作程序很快成为项目的鲜明特征，否则迅速完成谈判是不可能的，这有4个重要因素：活跃的起草委员会在正式会议期间经常会晤，以协助常设事务局提交多稿公约中间准备草案；与成员国广泛磋商；私人部门持续参与；透明度。

概述－9 2001年1月专家会议明确授权起草委员会在会后继续工作，以继续完善第一稿并提出其他起草建议。授权不仅包括起草委员会实施全会决议，而且提出新的方法方案，以进一步达成共识。起草委员会第一次非正式会议于2001年5月在巴黎举行（应德·帕迪厄·布洛卡斯及玛菲律师事务所邀请）。2001年6月，正式认可证券项目且明确批准非正式工作程序后（参见下文概述－13），起草委员会的经常性会晤成为谈判过程的鲜明特征。这些后续会议在牛津（2001年10月应起草委员会主席邀请）、布鲁塞尔（2001年12月应欧洲清算集团邀请）、法兰克福（2002年3月应德国央行邀请）及伦敦（2002年5月应达维律师事务所邀请）举行。这些会议推动了起草委员会考虑对草案的所有评论，提交新的包括未来《海牙证券公约》核心条款的中间草案，之后由常设事务局广泛分发给成员国、行业代表和任何相关人士征集意见。起草委员会的非正式会议无疑大幅加快了进度，同时推动了对将来《海牙证券公约》最终文本的全部核心条款的共识。

概述－10 在非正式工作程序中，常设事务局一直与成员国官方机构保持联系，通知非正式工作程序的进展，讨论未来《海牙证券公约》的实体问题，邀请评论建议以供起草委员会考虑。与成员国的密切联系明显体现在，常设事务局在全球组织了两个系列共计17场地区研讨会，与官员、法学家和市场参与者讨论评析最新的《海牙证券公约》草案[这些地区研讨会在哥本哈根、法兰克福（2场）、中国香港特别行政区、伦敦、米兰、纽约（2场）、巴黎（2场）、里约热内卢、罗马、斯德哥尔摩、悉尼、东京和多伦多（2场）举行]。

概述-11　为确保最终的《海牙证券公约》适应市场实际需要、真正有效可行，常设事务局自早期即与全球私人行业代表建立联系（尤其是执业律师和公司法务），并贯穿整个谈判。很多行业代表参与非正式工作程序，包括上述地区性研讨会；另外，一些成员国和观察员在海牙正式会议代表团中有行业代表。同时，一些观察员作为专家参与起草委员会的工作（参见脚注9）。行业参与的价值不可估量，有助于确保《海牙证券公约》最终文本，尤其是主要冲突规范（第4条）能切实实现《海牙证券公约》旨在提供的法律确定性和可预见性。

概述-12　但最为重要的是整个非正式工作程序完全透明，常设事务局持续提出解释记录、表格和综述，总结反映咨询中表达的所有意见观点，使所有成员国（以及观察员）不仅得知讨论的最新状态，而且能够回应和提交新的评论建议。常设事务局的所有文件都上传海牙会议网站，确保项目的最新进展在全球范围透明。常设事务局严格坚持透明度无疑是项目实施方法成功的关键之一。

概述-13　2001年6月，在海牙会议第十九届外交会议第一次会议期间，成员国正式批准证券项目，包括快速程序和非正式工作程序。在紧张的非正式准备后，由（意大利）斯蒂芬妮娅·巴里亚蒂女士主持的特别委员会于2002年1月在海牙召开。

概述-14　谈判过程的另一重要中间步骤是在2002年5月，常设事务局根据上述非正式工作程序，主动提出重新起草未来《海牙证券公约》的核心条款，即根据《海牙证券公约》确定适用法律*的主要规则和备用规则。修改后的草案提出，《海牙证券公约》的冲突规范不应再试图基

---

* “applicable law”根据中文国际私法习惯与“governing law”不作区分。参见概述-46。——译者注

于"定位"证券账户或维护证券账户的营业所，确定根据《海牙证券公约》的适用法律。常设事务局提出允许相关中介和账户持有人约定适用法律，并对约定设定具体条件。[10] 该方法成为主要规则（第4条）和备用规则（第5条）的基础，最终一致通过。

概述－15 2002年12月项目进入最后阶段，在海牙召开海牙会议第十九届外交会议第二次会议，以通过《海牙证券公约》草案。[11] 用短短两年半多一点的时间完成项目，对于涉及复杂技术性问题、必须适应商业需要和利益，同时考虑不同法律制度的区别的文件来说，极为快速。需要强调的是，完成项目整个过程没有进行一次投票。外交会议期间，最终完成证券项目的委员会会议仍由（意大利）斯蒂芬妮娅·巴里亚蒂女士主持。在常设事务局协调清理文本后，《海牙证券公约》草案最终文本于2003年2月公布。

二、《海牙证券公约》的基本目标：更新和统一冲突法原则，以反映证券持有市场现实

（一）商业行为的发展

概述－16 过去半个世纪，持有、转让和质押股票、债券和其他投资证券，发生剧变。有两类商业发展值得特别关注。

1. 从直接持有到中介化持有

概述－17 第一类商业发展是，从直接持有制度，即持有、转让和质押证券通过实际持有证券凭证或在发行人登记册记录记名所有权和其他权益，到中介化持有制度，即持有、转让或质押证券权益通过在证券账户的簿记记录。这个转变的前身是设立中央证券存管机构（CSD*），固定保管或以其他方式集中保管，不同发行人发行的大量证券（进一步介

---

[10] *Proposal for a redraft of Articles 4 and 4 bis*, Prel. Doc. No 13 of May 2002, submitted by the Permanent Bureau.

[11] 参加2002年12月2～13日外交会议的所有专家的名单，在本报告附件四（略）。

* Central Securities Depository. ——译者注

绍见概述 -21)。[12]

概述 -18 在中介化持有体制下,投资者和发行人之间可以存在一个或更多中介(有意宽泛定义的术语)。典型的是 CSD 或国际中央证券存管机构(ICSD*),为有限的金融机构、经纪交易商和其他专业投资者,维护证券账户(这些中介一般被称为 CSD 或 ICSD 参加人)。这些参加人再为其客户维护证券,如机构投资者或零售投资者或其他中介,直到为最终端的投资者维护证券账户的中介。因此,结构最底端的投资者和最顶端的发行人之间可能存在多级中介。[13] 另外,在很多系统中,发行人登记册或与投资者有直接关系的中介之外的任何中介记录,并不记录(如没有识别或隔离)个体账户持有人对基础证券的证券权益。这样有助于降低转让成本,提高转让效率。

概述 -19 不同法律制度对经由中介持有的证券的法律认定不同。一些法律制度认为,投资者的直接(相关)中介持有,与投资者和中介的其他客户持有的证券权益相应的证券权益,贷记在另一中介的账户,直到链条中的最高级中介(一般是 CSD 或 ICSD)。因此,在这些法律制度中,在每一级中介是相互独立的证券权益,最高级中介(或其名义持有人)作为证券持有人登记在发行人登记册。其他法律制度则认为,中介仅维护投资者权益记录,因此,尽管投资者的证券权益源于证券贷记证券账户,可以通过簿记转让,但证券贷记投资者中介为投资者维护的账户,在投资者和发行人之间建立直接关系(因此,最高级中介

---

[12] 最早的 CSD 是奥地利 1872 年成立的维也纳中央证券存管机构(Wiener Giro-und Cassenverein),之后出现德国的中央证券存管机构(Kassenverein)[现为明讯国际(Clearstream International)的一部分]。法国 CSD(欧洲清算法国)的前身是可转让证券机构间清算公司(Sicovam)(Société Interprofessionnelle pour la Compensation des Valeurs Mobilières——译者注),于第二次世界大战时成立。第一次世界大战前纽约证券交易所计划设立类似机构,但没有实现;在 20 世纪 60 年代后期华尔街发生文书危机后,才设立存托信托公司(Depository Trust Company,DTC)。1989 年 30 人集团发布关于国内清算和结算系统的里程碑式的报告后(See *Clearance and Settlement in the World's Securities Markets*, New York & London: Group of Thirty, March 1989),几乎世界各国都设立了 CSD。国际 CSD(ICSD)将外国发行人发行的证券固定化和集中化。广泛认可的 ICSD 有欧洲清算(Euroclear)、明讯(Clearstream)和瑞士中央证券存管机构(SIS SegaInterSettle)。

* International Central Securities Depository. ——译者注

[13] 需要指出,有些国家,特别是北欧国家,允许投资者直接在当地 CSD 开立账户(参见 1 -7、1 -36)。

不作为证券持有人,登记在发行人登记册)。

概述-20 需要强调的是,《海牙证券公约》适应了这两种制度的需要;适用于证券贷记证券账户,不论证券贷记证券账户创设的权利性质,根据相关实体法怎样界定,不论权利是否可对抗投资者的(相关)中介、任何其他中介或发行人(参考概述-22以下进一步评述,尤其是第2条评述)。

2. 固定化、无纸化和集中化

概述-21 相关类别的商业模式发展是,通过CSD和ICSD实现证券固定化、无纸化和集中化。通过CSD和ICSD或其他中介实现证券凭证固定化,是指通过证券账户的簿记持有、转让或质押对证券的权益,不变更基础证券凭证的占有。需要指出,证券固定化导致更多采用单一凭证或大额凭证代表所有发行证券,而不为每只证券发行个体证券凭证。无纸化是指完全取消代表证券的凭证。[14] 无纸化证券的唯一证明,是授权机构维护的记录和/或发行人登记册直接记录的簿记。集中化是指通过CSD集中保存无纸化证券记录和保管固定化证券。

(二)法律制度的区别

概述-22 尽管上述商业模式几乎在世界各国市场都被不同程度采纳,但账户持有人对证券贷记证券账户创设的权利,在不同法律制度的界定方面有很大差异。一些法律制度认为,账户持有人权益是常规寄托、特殊寄托、对可识别的证券池的共有财产权,或可以追溯到个体证券的其他形式财产权。在很多这些法律制度中,尽管账户持有人和发行人之间存在一个或更多中介,但是中介没有法律意义,账户持有人的权利在功能上(事实上)等同于直接所有人。因此,账户持有人的权利可能包括直接对发行人行使的证券权利,或者账户持有人可能被视为证券直接所有人,或者账户持有人可能可以或必须作为记名所有人记录在发行人登记册。

---

⑭ 法国通过了《1982年金融法》(Loi definances pour 1982)(Law N° 81-1160 of 30 December 1981)第94-Ⅱ条,建立完全无纸化的系统;第94-Ⅱ条于1984年11月3日生效。美国和其他很多政府证券已实现无纸化几十年,但多数公司证券仍以凭证形式发行。

概述 -23 其他法律制度认为,账户持有人的权利是非常规寄托、一般寄托,或请求中介交付或者转让特定数额证券的其他纯粹对人(合同)的权利。在另外一些法律制度中,账户持有人的权利定义或命名为信托受益权,法定信义权益,证券账户簿记,对混合的、名义的或簿记的证券池的共有财产权,证券权利(security entitlements),* 或其他财产、合同或其他权利束。在这两种法律制度下,或者中介切断账户持有人和发行人之间的财产关系链条,或者中介被视为记名的、法定的或名义的证券所有人,账户持有人限于经由中介间接对发行人行使权利。

(三)为贷记证券账户的证券提供适当的冲突规范

概述 -24 《海牙证券公约》旨在适用于所有经由中介持有的证券,无论证券贷记证券账户产生的权利在任何法律制度中的定性如何。正如第 2 条评述更完整的讨论所述,《海牙证券公约》确定所有经由中介持有的证券涉及的全部第 2 条第 1 款问题的适用法律,无论经由中介持有的证券是否在功能上等同于直接持有,账户持有人是否有权对发行人直接行使权利,或是否有权在发行人的记录登记为记名所有人,中介是否切断账户持有人和发行人之间的财产权关系链条,中介是否视为记名的、法定的或名义的证券所有人,账户持有人是否限于经由中介对发行人间接行使权利。因此,《海牙证券公约》对任何证券是否适用的决定性因素,是这些证券是否在任何阶段贷记证券账户而进入中介化系统(参见 1 -16)。如果证券是直接持有,即代表证券的凭证由投资者占有,或投资者权益直接反映在发行人登记册,且不涉及中介,则《海牙证券公约》不适用。《海牙证券公约》的核心特征见概述 -49 及下文。

概述 -25 第 2 条评述将更详细地讨论,《海牙证券公约》适用,确定经由中介持有的证券的第 2 条第 1 款规定全部事项的适用法律,无论账户持有人由证券贷记证券账户创设的权利,根据任何法律制度视为财产、合同、混合或其他权利。但《海牙证券公约》不决定账户持有人和中介

---

* 美国证券法术语;"证券权利"还指一般用法"对证券的权利"(right to securities)。——译者注

之间或证券处分的当事人之间纯粹合同或其他纯粹对人权利的适用法律，如果争议的事项不属第 2 条第 1 款规定（参见 2－4 及下文，2－30、2－32 和 2－33 关于第 2 条第 1 款与第 2 条第 3 款第 1 项及第 2 项的关系）。《海牙证券公约》单独对待每个账户，维护提到的账户的中介是“相关中介”。

（四）例子

概述－26 下例说明《海牙证券公约》适用的经由中介持有的典型模式，并指出相关中介。

例 概述－1

伊利诺伊公司在美国伊利诺伊州成立，有 500 万股流通股股票，全部股票由单一凭证代表，固定在存托信托公司（DTC），一家在纽约成立的中央证券存管机构。DTC 在纽约保险库保管代表伊利诺伊公司全部股票的实体单一凭证。伊利诺伊公司在新泽西州纽瓦克市，通过位于当地的 NJ 登记人维护股份登记册。存管信托公司名义持有人 Cede & Co，在股份登记册登记为伊利诺伊公司 500 万股流通股股票的记名所有人。

澳大利亚投资者持有对 5 万股伊利诺伊公司股票的权益，反映在其位于巴黎的中介法国银行为澳大利亚投资者维护的名为“澳大利亚投资者证券账户”的证券账户的贷记。

法国银行继而持有权益，对应澳大利亚投资者的伊利诺伊公司股票权益以及法国银行其他客户的权益，形式为伊利诺伊公司股票贷记在比利时成立的欧洲 ICSD 为法国银行维护的名为“法国银行客户证券总账”的证券账户。法国银行共有 65 万股伊利诺伊公司股票贷记该证券账户。

欧洲 ICSD 继而持有权益，对应法国银行的伊利诺伊公司股票权益以及欧洲 ICSD 其他参加人的权益，形式为伊利诺伊公司股票贷记在作为欧洲 ICSD 的美国分托管人的纽约银行为欧洲 ICSD 维护的名为“欧洲 ICSD 客户证券总账”的证券账户。欧洲

ICSD 有 225 万股伊利诺伊公司股票贷记该证券账户。

纽约银行继而持有权益，对应欧洲 ICSD 的伊利诺伊公司股票权益以及纽约银行其他客户的权益，形式为伊利诺伊公司股票贷记 DTC 为纽约银行维护的名为“纽约银行客户证券总账”的证券账户。纽约银行有 300 万股伊利诺伊公司股票，贷记该证券账户。

澳大利亚投资者的相关中介是法国银行；法国银行的相关中介是欧洲 ICSD；欧洲 ICSD 的相关中介是纽约银行；纽约银行的相关中介是 DTC。除 DTC 之外，其他每个中介相对于自己的中介，也是账户持有人。

概述 - 27 下例说明《海牙证券公约》适用的另一典型持有模式。

例 概述 - 2

宅岛（Takushima）公司在日本大阪成立。宅岛公司发行总价值为 50 亿美元的完全无纸化债权证券（债券），经由在东京成立的日本 CSD、日本证券存管中心（JASDEC）* 持有。

荷兰投资者持有总价值为 7500 万美元的宅岛公司债券，贷记在（荷兰）阿姆斯特丹成立的 AB-IN 银行为其维护的名为“荷兰投资者证券账户”的证券账户。

AB-IN 银行继而持有权益，对应荷兰投资者的宅岛债券权益以及 AB-IN 银行其他客户的宅岛的债券权益，贷记按照中国香港法律成立的 AB-IN 银行的子公司 AB-IN 银行国际的东京营业所为 AB-IN 银行维护的，名为“AB-IN 银行客户证券总账”的证券账户。AB-IN 银行在此账户贷记的宅岛债券总价值为 3.5 亿美元。

AB-IN 银行国际东京办事处继而持有权益，对应 AB-IN 银行的宅岛债券权益以及 AB-IN 银行国际东京营业所其他客户的宅岛债券权益，贷记日本证券存管中心参加人野村证券为 AB-IN

* Japan Securities Depository Center. ——译者注

银行国际东京营业所维护的、名为“AB-IN 银行国际东京营业所客户证券总账”的证券账户。AB-IN 银行国际东京营业所在此账户贷记宅岛债券总价为5.5亿美元。

野村证券继而有日本证券存管中心为其维护的证券账户，名为“野村证券客户证券总账”，反映野村证券所有客户的宅岛债券权益，包括 AB-IN 银行国际的东京营业所。野村证券在此账户贷记的宅岛债券总价为13.5亿美元。

荷兰投资者的相关中介是 AB-IN 银行；AB-IN 银行的相关中介是 AB-IN 银行国际；AB-IN 银行国际的相关中介是野村证券；野村证券的相关中介是日本证券存管中心。[15]

概述-28 为简明起见，上述例子仅涉及一家公司的证券。实践中事实模式往往复杂得多，尤其在证券组合作为担保品的场合。

概述-29 在中介持有系统中，经由中介持有的证券的转让通过簿记进行，无须以任何形式交付凭证。为在同一中介客户的两个投资者之间实施证券转让，只需在该中介簿记进行借记和贷记，有时需要将底端的账户持有人的信息提交发行人。

概述-30 对经由不同中介持有证券（非常普遍）的权益的两个投资者，转让略为复杂，基本原则是对于特定证券账户只有一个相关中介。[16] 因此，在中介持有系统中，为实施从转让人到最终对手方（受让人）的处分，簿记一般发生在转让人的相关中介为转让人维护的证券账户、转让人中介的相关中介为其维护的证券账户、受让人的中介的相关中介为其维护的证券账户，最后是受让人的相关中介为受让人维护的证券账户。《海牙证券公约》的冲突规范不确保一般也不会产生，单一

---

[15] 尽管不适用于上述情形，但在一些法律制度中，在底端投资者和发行人之间的每个中介，可能有义务向发行人提供底端投资者的身份和证券持有情况，以作为记名所有人记录在发行人登记册。因为证券权益产生于证券贷记中介维护的账户，《海牙证券公约》决定关于这些权益的全部第2条第1款事项的适用法律，即使账户持有人作为记名所有人记录在发行人登记册。

[16] 《海牙证券公约》的冲突规范适用于经由一个证券账户到另一证券账户的转让实现的证券处分，包括通过中介链条，在4-43及以下有详细讨论和有效例证说明。

法律支配关于簿记和处分的全部第2条第2款事项，簿记和处分发生在发起的账户持有人到最终受让人之间的中介和账户持有人链条的每个层面。因此，受让人是否取得对贷记其账户的证券的不受对抗请求权约束的权益，这一关键问题由对受让人的证券账户适用《海牙证券公约》确定的适用法律决定。[17] 如果按照该法，受让人取得这种权益，转让人账户的相应借记以及转让人和受让人之间各中介的证券账户的相应贷记证券是否有效，与受让人无关（除非另有合同条款）。如果根据以受让人账户确定的公约法，受让人权利取决于相关中介（或者转让人或转让人和受让人之间的中介链条中的任何其他中介）的权利，适用该法的法官应考察，按照此中介（或者其他这些人）在其中介的证券账户确定的公约法，决定按照受让人的账户确定的公约法项下受让人取得的权利类型。

概述-31 下例说明经由不同中介持有证券权益的两个投资者，通过簿记进行的转让。

例　概述-3

澳大利亚投资者有法国银行为其维护的证券账户，希望借款并以对50万股伊利诺伊公司股票的权益作为借款担保。澳大利亚投资者拟从贷款人——在英格兰成立并设在伦敦的国际投行借款。

伦敦银行有瑞士银行为其维护的证券账户，瑞士银行在瑞士成立且在苏黎世有主营业地。瑞士银行有欧洲ICSD为其维护的，名为“瑞士银行客户证券总账”的证券账户。

伦敦银行和澳大利亚投资者订立让与担保协议。伦敦银行指示澳大利亚投资者，将伊利诺伊公司股票转入伦敦银行在瑞士银行的账户（要求股票转入伦敦银行信任的中介，伦敦银行希

---

[17] 如4-43及下文全面论述（尤其是4-49），如果中介在自己中介的账户的相应贷记未实施或被撤销，中介可能仍有义务在自己的账户持有人的账户实施贷记证券（双重责任风险），中介以多种方式管理该风险。他们可以重新分配风险：如果中介的自己中介为其维护的账户的相应贷记没有作出或被撤销，中介可争取合同权利，撤销其维护的账户的任何证券贷记；或者以中介的账户持有人的明确的证券池共同分担损失；或者有意决定承担并管理风险。

望规避对法国银行的风险,特别是法国银行可能出现管理错误、不法行为或破产的可能后果,或者澳大利亚投资者对法国银行的可能影响)。

对于最初的账户持有人(澳大利亚投资者),相关中介是法国银行,即维护澳大利亚投资者的证券账户并与澳大利亚投资者订立账户协议的中介。对于法国银行,相关中介是欧洲ICSD,即维护法国银行的证券账户并与法国银行订立账户协议的中介。因此,法国银行不仅是澳大利亚投资者的中介,还是欧洲ICSD的账户持有人。对于最终受让人(伦敦银行),相关中介是瑞士银行,即维护伦敦银行的证券账户且与伦敦银行订立账户协议的中介。对于瑞士银行,相关中介是欧洲ICSD,即维护瑞士银行的证券账户且与瑞士银行订立账户协议的中介。因此,瑞士银行不仅是伦敦银行的中介,还是欧洲ICSD的账户持有人。欧洲ICSD是法国银行和瑞士银行的共同中介。尽管持有链条中可能有多个中介和多个账户持有人,但每一账户持有人只有一个相关中介。

为实现所有权从澳大利亚投资者转让到对手方伦敦银行,簿记一般在下列账户作出:

(i)法国银行为澳大利亚投资者维护的证券账户;

(ii)欧洲ICSD为法国银行维护的证券账户;

(iii)欧洲ICSD为瑞士银行维护的证券账户;

(iv)瑞士银行为伦敦银行维护的证券账户。

因此,伦敦银行是否取得对贷记瑞士银行为其维护的证券账户的证券的、不受所有对抗请求权约束的权益,由依据该证券账户确定的公约法支配(即使如果贷记欧洲ICSD为瑞士银行维护的账户的簿记无效或被撤销,瑞士银行有合同权利撤销贷记簿记)。如果按照该法伦敦银行取得证券且不受所有对抗请求权约束,澳大利亚投资者证券账户的相应借记证券、欧洲ICSD为法国银行和瑞士银行维护的账户的相应的贷记证券,是否有效与伦敦银行无关(除非作为独立的合同事项,伦敦银行已同意,如果瑞士银行账户的相应贷记证券无效或被撤销，瑞士银行可撤销贷记）。另外，如果根据伦敦银行的证券账户确定的公约法规定，伦敦银行不能取得大于瑞士银行（或者澳大利亚投资者或法国银行）按照瑞士银行（或者澳大利亚投资者或法国银行）的账户确定的适用法律允许转让的权利，法官适用依据伦敦银行的账户确定的公约法，需要考察根据瑞士银行在欧洲 ICSD 的证券账户（或澳大利亚投资者在法国银行的证券账户，或法国银行在欧洲 ICSD 的证券账户）确定的公约法，决定瑞士银行（或者澳大利亚投资者或法国银行）可以转让给伦敦银行的权利类型（关于通过多个中介的转让，参见 4－43 及下文进一步评述）。

概述－32 当前全球绝大多数证券由中介持有。《海牙证券公约》体系适应全球市场的需求：降低处理和结算成本，以及直接持有系统相关的丢失、盗窃和伪造风险。其仅仅通过一个或更多中介的记录的会计簿记转让证券权益，促成快速高效的国内和跨国权益处分。因此，缩短了结算时间。

（五）冲突法分析

1. 统一冲突规范的必要

概述－33 《海牙证券公约》出台之前，没有统一的冲突规范支配持有和处分经由中介持有的证券的关键实际问题，特别是证券持有和处分对抗中介和第三人的效力。因此，确定账户持有人权益性质或提供担保人和接受担保人之间的处分性质等问题的适用法律，取决于选择的法院和难以预见的法院可能认定适用的法律。

概述－34 确定适用法律方法的不确定性，给市场参与者带来了巨额费用（包括提供担保人，因为调查完善要件的费用可能由接受担保人转嫁给提供担保人）。另外，在很多情况下，无法适当确定立场会存在风险，鉴于巨额交易规模（每天 20 亿美元且仍在增长，参见概述－2）以及相关金融机构的地位和意义，这种风险应谨慎视为系统性风险。因此，各国如能约定公约，统一合理解决这些问题，可能对市场用户、市场参与者和金融系统整体有所裨益。特别是接受经由中介持有的证券担保权益的当事人，需要知悉担保权益创设、完善和顺位的适用法律。这种事先的法律确定性对金融市场的平稳运行至关重要。

概述 -35 《海牙证券公约》是纯粹冲突法公约。因此，它没有规定支配证券权益的任何实体法规则，允许不同法律制度的相关法律差异继续存在（多元中的统一）。[18] 但为何有必要制定新的冲突规范？为何传统冲突规范不能充分解决《海牙证券公约》适用范围内的问题？《海牙证券公约》提出的冲突规范内容在谈判中是怎样形成的？《海牙证券公约》最终形式的主要冲突规范的内容是什么？

2. 传统"物之所在地法"原则

概述 -36 确定直接持有系统中实施的财产转让（转让所有权或让与担保）和任何创设担保权益（转移占有或者不转移占有）的强制执行力，传统规则是"物之所在地法"（或所在地法），具体对于证券是证券凭证所在地法。按照此规则，证券转让的效力由转让时证券所在地法支配。对于不记名证券（不需要记名只需实体凭证代表或其他权利凭证证明的证券），是转让时代表证券的凭证所在地法。对于记名证券，"物之所在地法"是发行人法人或其他组织的成立地或转让时维护登记册的地方的法律。

概述 -37 这些传统方法对证券直接持有系统的适用，一般能产生明确令人满意的结果。但是，对涉及中介的持有系统适用不如人意，传统规则为确定适用法律，要求"看穿"各级中介直到发行人、证券发行人登记册或实体凭证（"看穿方法"）。"看穿方法"适用于经由中介持有的证

---

[18] 国际统一私法协会（International Institute for the Unification of Private Law，UNIDROIT）已设立研究工作组，考察统一投资证券中的担保权益的法律的可能性，作为更大的资本市场项目"跨国和关联资本市场——研究 78"的一部分［see the *Draft convention on substantive rules regarding securities held with anintermediary* (Preliminary Discussion Draft), submitted in April 2004 (available underhttp://www.unidroit.org)］。在美洲国家组织内部，有建议主张将创设统一的跨境投资证券交易的新规则，列入第七届美洲国家组织国际私法特别会议（CIDIP-Ⅶ）的议程（see under http://www.oas.org）。欧盟委员会也启动了相关工作，参见 the Communication from the Commission to the Council and the European Parliament: Clearing and Settlementin the European Union-The way forward, adopted on 28 April 2004 (see under http://europa.eu.int/comm/internal_market/financial-markets/index_en.htm; in the Communication, see in particular the specific references to the Legal Certainty Project)。

券存在严重障碍,特别是难以确定登记册在单一地点(如由一个以上营业所服务的电子登记册)。

3. 为冲突法目的坚决无疑义地抛弃“看穿方法”

概述－38 为冲突法目的,《海牙证券公约》坚决抛弃“看穿方法”。理由是在当今市场,投资者普遍提供证券投资组合形式的担保品。证券发行人根据多个不同法域的法成立,或是不同国家的政府或政府机构。这种做法主要得益于当代动产担保法的发展。基于“看穿方法”的规则要求,接受担保人确定每只债券或股票的发行人成立地国家关于动产担保完善要件的国内法,每次交易会涉及多个国家。如果投资组合不是静止的,而是每天或每小时变动(同样主要是当代动产担保法所促成的),接受担保人不可能按照这些冲突规范,有效管理投资组合的担保权益。另外,在很多法域,基于“看穿方法”的规则也不确定:是发行人所在地的法律、证券登记册所在地的法律、基础证券的凭证所在地的法律,还是最高级中介或任何其他中介所在地的法律呢?最后,即使接受担保人的确知晓适用的标准,也难以获得必要信息以适用标准。例如,通过多级中介持有证券的投资者,可能无法查明实际保管证券凭证的地点。

概述－39 对于很多中介化持有系统,基于“看穿方法”的冲突规范还会导致其他概念和实践问题。对于通过混合(总账)账户持有的证券的权益,在发行人登记册或与投资者有直接关系的中介之外的任何其他中介的记录,通常不记录个体投资者对基础证券的权益。因此,如果有人(如接受担保人或征税债权人)对投资者的证券权益主张请求权,试图在多级持有系统中的任何上级中介[记录的所有人(如CSD)是最顶端的中介,投资者与其中介是最底层的关系]强制执行该请求权,通常回应是各上级中介不记录投资者对证券的任何权益,可供强制执行该请求权。另外,清算系统中多边净额结算的效力,导致更难匹配中介接收的证券和贷记特定客户账户的任何证券。

概述－40 应当补充,为冲突规范目的抛弃“看穿方法”,不影响为实体法目的的任何必要的“看穿方法”。如上所述(概述－22),在某些系统中,账户持有人由证券贷记其证券账户创设的权利,定性为可以追溯到特定证券的财产权。在很多这种法律制度下，账户持有人和发行人之间的中介没有法律意义，账户持有人的权利在功能上等同于直接所有人。因此，账户持有人的权利可能包括直接对发行人行使证券权利，账户持有人可能认定为证券直接所有人，或者账户持有人可以或必须作为记名所有人记录在发行人登记册。

4. 相关中介所在地之方法

概述 -41 鉴于"看穿方法"在冲突法领域的根本困难，最初提出《海牙证券公约》主要冲突规范的连接因素，应侧重于贷记证券权益的账户的所在地，即投资者的最近——或相关——中介维护的账户，或维护此账户的中介营业所所在地。这一概念被称为"相关中介所在地之方法"（Place of the Relevant Intermediary Approach，PRIMA），旨在反映一个基本原则，即对于经由中介持有的证券，其持有和处分对中介和第三人效力的适用法律，由维护证券账户的中介的营业所所在地决定，不考虑任何上级中介或证券发行人，即不"看穿"中介链条。

概述 -42 这一方法主要优势在于，将一个账户持有人对证券组合的所有权益及处分，置于单一法域法律支配下，即使发行人、登记册、代表基础证券的凭证或任何上级中介位于不同国家。

概述 -43 援引相关中介所在地表明需要确定相关中介唯一所在地，或相关中介为账户持有人维护的账户的唯一所在地。但《海牙证券公约》的谈判进程清晰表明，对于绝大多数交易，没有国际普遍接受的标准来精确无疑义地确定，某一证券账户或中介维护具体证券账户的营业所所在地。特别考虑是否可能采用税收、监管报告或会计规则，确定账户所在地或维护账户的营业所；在一些国家，中介可能要为每个证券账户分配编码，事实上是为了税收、监管报告或会计目的，将账户分配给具体营业所。该方法最终被一致否认。首先，这些税收、监管报告和会计规则丝毫不统一，可能是例外而不是普遍。对出现在中介资产负债表中的资产和债务，某些国家有全面的会计规则，但是对不出现在中介资产负债表中的证券账户，很多国家没有此类规则。其次，会计、监管和税收规则的基础考虑，未必是全球证券托管、清算和结算涉及的私法问题。因此，证券账户为税收、监管报告或会计规则目的被分配到特定中介营业所，以此为其他无关的业务目的确定适用法律，是非常武断的。特别是维护和服务证券账户的部分或全部业务，越来越多地由在不同地点的一个以上的营业所或外包第三方承担。

概述 - 44 在现代全球交易中，维护证券账户的多种活动，的确通常分散在不同国家的营业所。例如，假定按照纽约州法成立的中介与客户约定，在东京维护客户的证券账户，因为东京是最初开户地和证券首次贷记证券账户的地方。中介从都柏林营业所给客户寄送全部账户记录。客户接受中国香港营业所管理和分配的分红，从中介在临近客户新加坡主营业所的营业所获得账户的持续信息的建议。中介关于每个证券账户的所有操作支持(包括实施簿记)分别由新德里和圣弗朗西斯科营业所运行的独立电脑系统进行。最后，客户在环游世界时，通常用笔记本获得相关证券账户的信息。

概述 - 45 在这种情况下，如果确定适用法律的标准是证券账户或维护证券账户的营业所的所在地，则无法实现确定性，这种标准会导致诉讼中法院必须进行深入的事实调查。对潜在的接受担保人的风险和负担是显而易见的。

概述 - 46 在此背景下，谈判过程中清晰地表明，《海牙证券公约》需要突破最初制定的相关中介所在地原则，以提供事先确定性和可预见性。对此可从两个方面实现：(i)不再关注给中介或证券账户赋予“地点”，取而代之的方法是赋予账户持有人和其中介明示约定适用法律*的协议以法律效力。(ii)增加“合格营业所”标准。这样，坚持摒弃基于“物之所在地法”或任何“看穿方法”的规则，保留相关中介的概念，集中关注账户持有人和相关中介关于特定证券账户的关系。

5.《海牙证券公约》主要规则的依据：账户持有人和相关中介之间明示的法律选择协议

概述 - 47 《海牙证券公约》主要冲突规范(第4条第1款)不是基于试图“定位”证券账户、维护证券账户的营业所、发行人或基础证券。《海牙证

* “governing law”，根据中文国际私法习惯与“applicable law”不作区分。——译者注

券公约》主要冲突规范是基于账户持有人和其中介之间的关系:允许账户协议的当事人明示约定《海牙证券公约》适用范围内所有事项的适用法律。选择有两种表述方式:如果当事人明示约定支配账户协议的适用法律(一般适用法律条款),该法也支配《海牙证券公约》适用范围内事项的所有问题;但如果账户持有人与相关中介明示约定,特定国家的法律支配《海牙证券公约》适用范围内事项的所有问题,该法支配所有这些问题(无论是否还有独立的一般条款支配账户协议)。但只有在约定适用法律时,相关中介在被选国有营业所("合格营业所"),独立或与中介其他营业所或为中介行为的第三人共同履行证券账户(不必是争议账户)的一些相关职能,或者通过任何具体方法识别为在被选国家维护证券账户(不必是特定争议账户),当事人的选择才有效。

概述-48 第4条第1款反映一个政策决定,制定可以降低风险、促进资本形成和投资、反映现行和可预见市场实践的冲突规范,实际高效,允许市场参与者事先确定《海牙证券公约》适用范围内所有事项的适用法律,为尽可能多的交易提供事先的法律确定性和可预见性。在现行市场、法律和监管条件下,其他考虑后被抛弃的方法都不能提供,第4条第1款规则所能提供的法律确定性、简明性、逻辑性和明晰性。

三、《海牙证券公约》的主要特征

概述-49 《海牙证券公约》是纯粹的冲突法公约。不以任何方式变更现行或未来的实体法。

概述-50 《海牙证券公约》的根本目标是,为经由中介持有的证券的持有和处分等关键实际问题的适用法律提供法律确定性和可预见性,特别是对抗其中介和第三人的效力。实现此目的通过创设统一的冲突法制度(第4条、第5条和第6条),替代关于该事项的任何相关国内冲突规范,为当事人在具体情形应适用的实体法,提供最大限度保障。

概述-51 《海牙证券公约》只适用于经由中介持有的证券,无论按照适用法律,证券贷记证券账户创设的权利的定性,账户持有人是否视为基础证券的直接持有人,还是账户持有人是否有权直接对发行人行使权利。

因此,只有证券贷记证券账户进入中介化系统,《海牙证券公约》才适用。直接持有证券的相关事项(参见概述－24),不在《海牙证券公约》适用范围内。唯一例外是第1条第4款扩大中介的意义(第1条第4款受第1条第5款的限制,参见1－37及下文)。

概述－52 证券(第1条第1款第1项)包括所有金融性质(现金除外)的可以贷记证券账户的工具和资产,无论是不记名还是记名,是有证券凭证代表还是无纸化证券。该术语包括所有债券和股票。

概述－53 《海牙证券公约》适用于经由中介持有的证券以任何方式涉及一个以上国家的情形(第3条)。这一定义有意设置得非常广泛,且《海牙证券公约》适用范围不受传统国际性观念的限制。

概述－54 公约法(按照《海牙证券公约》第4条、第5条和第6条的冲突规范制度确定的适用法律),适用于第2条第1款全面、广泛且有意概括地列举的全部事项。第2条第1款之外的事项不属于《海牙证券公约》适用范围,不受《海牙证券公约》第4条或第5条冲突规范确定的实体法律的支配。

概述－55 第2条第1款列举的问题包括,证券贷记证券账户创设的权利的法律性质、对抗中介和第三人的效力,以及处分证券的法律性质和对抗中介和第三人的效力。公约法支配[如果按照公约法(实体法)有任何意义],证券贷记证券账户创设的权利是否定性为合同权利(参见2－30评述)。

概述－56 《海牙证券公约》还确定处分的完善要件、权益是否灭失或顺位先于其他人权益的适用法律;《海牙证券公约》确定的法还支配:(i)善意、支付对价、不知晓对抗请求权、取得证券权益的人(及所谓的"善意取得买方"或"受保护的买方")和(ii)对抗请求权人之间的顺位。

概述－57 另外,《海牙证券公约》还支配中介对账户持有人之外的对经由中介持有的证券主张与账户持有人或其他人竞合权益的人是否有任何义务。这包括是否允许上级扣押(在账户持有人自己中介的上级中介扣押账户持有人的权益)。

概述－58 公约法还支配经由中介持有的证券权益的实现要件。最后,公约法支配,处分经由中介持有的证券是否及于有权取得分红、收入或其他分配权或回购、出售或其他收益。

概述-59 《海牙证券公约》不决定第2条第1款之外事项的适用法律,如账户持有人和中介之间纯粹合同或纯粹对人的权利,如提供证券账户账单的内容和间隔,中介维护证券账户的注意标准,损失风险和发出指示的最后期限等。同样,公约法不支配第2条第1款范围之外的证券处分事项,如处分证券的种类、数量、价格。最后,《海牙证券公约》不决定发行人、发行人的登记人或转让代理人的权利义务的适用法律。排除发行人对全部公司行动的义务,包括投票权、分红权、登记权,及发行人有权界定清偿票据、债券或其他债券义务的步骤。最后,《海牙证券公约》不影响证券发行交易的监管制度、对中介的监管要求或监管者的强制执行措施。

概述-60 按照《海牙证券公约》主要规则(第4条),适用法律由账户持有人和相关中介之间明示的适用法律协议确定,前提是协议以两种方式之一表述:如果账户持有人和相关中介明示约定,特定国家[19]的法律支配他们的账户协议,则该法律支配全部第2条第1款事项;但如果账户持有人和其相关中介明示约定,特定国家的法律支配全部第2条第1款事项,则该法支配第2条第1款事项,无论是否有单独的法律选择条款支配账户协议。当事人可以明示约定,特定国家的法律支配全部第2条第1款事项,另一国家法律支配账户协议。但公约法适用于全部第2条第1款事项。不得约定部分问题由一国法支配,其他问题由另一国法支配,当事人也不得约定适用法律仅支配部分第2条第1款事项。[20]

概述-61 账户协议的当事人选择的法律仅适用于在订立适用法律协议时,相关中介在被选法律的国有营业所("合格营业所"),即独立或与其他营业所或第三人(不需要在被选国家),履行维护证券账户(虽然不必是特定争议账户)的某些相关职能,或者通过任何具体方式被视为在该国维护证券账户(不必是特定争议账户)。

---

⑲ 为叙述简明起见,表述"一国"在适当时,也包括多单元国家的领土单元。

⑳ 因此,本报告提到第2条第1款事项时指全部这些事项。

概述-62 如果主要规则不适用,由于当事人明示选择适用法律但不满足合格营业所要求,或他们未在协议中有任何明示选择,或根本从未订立账户协议(参见5-7),《海牙证券公约》规定了3个备用规则,按顺序适用(第5条)。备用规则采用的决定因素是(按先后次序):书面账户协议明示无歧义指出的相关中介订立账户协议的营业所所在地法(第5条第1款);相关中介法人成立或其他组织成立地法(第5条第2款);相关中介(主)营业地法(第5条第3款)。

概述-63 第4条和第5条必须对每个证券账户独立适用(对每个账户持有人与相关中介的关系适用)。因此,《海牙证券公约》的冲突规范不能确保,一般也不会导致单一法律支配,通过中介链条的证券转让涉及的所有证券账户的全部第2条第1款事项(参见4-43及下文)。

概述-64 第6条规定按照《海牙证券公约》确定适用法律时不得考虑的因素的清单。

概述-65 第7条规定修改账户协议对适用《海牙证券公约》的任何可能影响,如果修改后果是,公约法从按照第4条第1款或第5条确定的一国法律,变为按照第4条第1款确定的另一国法律。原则是,"新法"支配修改后的账户协议支配的证券账户变更前后贷记的任何权益的全部第2条第1款事项(第7条第3款),除非例外情况下,为保护不同意此修改的当事人在修改之前取得的某些证券权益,对规定问题不适用(参见7-16及下文关于第7条第4款的详细论述)。估计第7条适用机会不多,因其适用的修改类型不经常出现。

概述-66 《海牙证券公约》第8条第1款规定,即使启动破产程序,公约法对破产之前事件的全部第2条第1款事项继续适用。按照《海牙证券公约》的适用法,在破产程序启动之前取得的权益,必须在破产程序中承认。因此,破产法院或破产管理人不得仅因权利未(同时)按照破产程序地法成立或完善,而拒绝承认权利或其完善地位。但是,按照第8条第2款的规定,破产程序地法支配这些权利的效力,即这些权利在破产程序中的可用程度。因此,破产法规则继续适用,例如,在"可疑期间"完善的质押,可能被视为"偏颇"或"欺诈让与"而无效,破产前的顺位可能被破产法的排序规定所取代。

概述-67 《海牙证券公约》确定的适用法律，无论该法是否为《海牙证券公约》缔约国法都适用（第9条）。另外，《海牙证券公约》绝对不适用传统国际私法意义上的反致：《海牙证券公约》确定的适用法律只指实体规则，不包括冲突规范（第10条；参见概述-71、概述-72）。

概述-68 第11条谨慎限制法院拒绝适用《海牙证券公约》第4条或第5条确定的适用法律的依据。第11条第1款规定，导致不适用本应适用公约法的传统冲突法的公共政策例外。第11条第2款规定，《海牙证券公约》不排除法院地无论适用何种法律都直接适用的实体规则（国际私法意义上的"强制性规则"）。但是，第11条第3款明确指出，不得以法院地的公共政策例外和国际强制性规则为由，适用法院地法支配完善要件或竞合权益的顺位，除非法院地法是公约法（完整讨论参见11-12）。

概述-69 第12条规定《海牙证券公约》适用于多单元国家时关键的解释规则和实体规则。特别是第12条第1款解释了如果当事人指定特定领土单元的法律作为适用法律，《海牙证券公约》主要规则（第4条）对多单元国家的适用，因此，如果相关中介在多单元国家任何地点有合格营业所且当事人明示约定，多单元国家特定领土单元法作为适用法律（作为账户协议适用法律或作为支配第2条第1款事项的另一适用法律），适用法律是该领土单元的法律。但多单元国家可以规定更严格的地域条件，要求如果按照第4条，适用法律是其一领土单元的国家，相关中介须在该指定领土单元有合格营业所。

概述-70 第12条第2款第1项规定，"多单元国家领土单元的生效法律"包括该领土单元的法律，及在该领土单元适用的多单元国家的法律（按照该领土单元或该多单元国家的法律）。

概述-71 第12条第2款第2项规定，如果多单元国家领土单元的生效冲突法规范，指定该国另一领土单元的法律，支配通过公开登记、记录或登记的完善，则另一领土单元的法律支配该问题（内部反致）。

概述-72 根据第12条第3款的规定，多单元国家可以交存声明，效力是如果按照第5条规定，应适用的法律是多单元国家法律或领土单元的法律，则必须适用该多单元国家生效的内部冲突规范，决定应适用该国或该国特定领土单元的实体法(内部反致)。

概述－73 第13条要求对《海牙证券公约》一致解释。第14条规定特别委员会会议审议公约的实际实施,强调该原则的意义。

概述－74 第15条规定《海牙证券公约》冲突规范(第4条或第5条)适用,确定《海牙证券公约》对法院地国生效日期后取得的权益,对抗在先取得的权益的顺位问题。

概述－75 第16条有助于市场参与者无须修改前《海牙证券公约》账户协议或开立新的证券账户(昂贵且没有必要),即能从《海牙证券公约》受益(注意第16条允许缔约国作出一些声明,参见概述－76)。这一目标的实现,通过第16条第1款确认,《海牙证券公约》适用于其在国际上生效前订立的账户协议、开立的证券账户,加上第16条第3款和第4款的解释规则,把前公约账户协议某些条款解释为,为《海牙证券公约》第4条第1款目的,有确定全部第2条第1款事项的适用法律的效力。因此,前公约账户协议的明示用语,如果按照该合同适用法律国家的规则,有确定任何第2条第1款事项的适用法律的效力,则该法支配所有这些事项,但前提是在约定适用法律时,该中介符合合格营业所条件。类似地,如果《海牙证券公约》生效前,当事人约定在特定国家维护账户,则该国法按照《海牙证券公约》是适用法律,但前提是在约定适用法律时,中介符合合格营业所标准;在这种特定情况下,约定维护证券账户地点的协议,可以是明示的或者从合同条款整体或事实情况默示推定(除非第6条另行禁止)。

概述－76 按照第16条第2款的规定,国家可以声明,对《海牙证券公约》在国际上生效(第19条第1款)和对该国生效期间("间隔期间")订立的账户协议适用第4条第1款,该国法院不依赖第16条第3款和第4款的解释规则。如果缔约国作出这一声明,该国法院可以不按照第16条第3款和第4款的规定,对间隔期间的账户协议适用第4条、第5条和第6条。按照第16条第3款的规定,一国可以声明,如果账户协议的当事人明示约定的维护证券账户所在的国家,是按照第16条第3款解释规则本应适用的法律所属国之外的国家,则该国法院不适用第16条第3款解释。

概述-77 第 17 条至第 24 条包括最后条款，第 18 条允许主权国家组成的区域经济一体化组织签署、接受、核准或加入《海牙证券公约》，但以其对《海牙证券公约》适用事项的排他权限为限度。

概述-78 最后，对于公约准备文件，需要强调下列事项。尽管本报告提到历史时，有时提到准备文件和纪要，但应指出需要谨慎使用这些文件。本报告的功能是，解释实际约定的《海牙证券公约》的意义，准备文件极少能解释这一点。很多关键的实体决定和措辞决定都是在最后阶段(多在外交会议)作出的。因此，早期文件对最终文本的意义和目的解释的帮助有限。另外，初步文件只是提议供讨论(很多提议后来被否决)或者回应提议，而不是暂时约定的方案。最后，需要指出的是，会议纪要并非逐字记录，且很多不完整。成员国审议并接受的是最终文本和本报告。

第二部分 《海牙证券公约》条款评述

第一章　定义和适用范围

第1条　定义和解释

一、在本公约——

（一）“证券”是指任何股票、债券或其他金融票据或金融资产（现金除外），或任何其中权益；

（二）“证券账户”是指中介维护的可以贷记或借记证券的账户；

（三）“中介”是指在业务或其他惯常活动中为他人维护证券账户，或同时为他人和自己维护证券账户，并以此能力行为时；

（四）“账户持有人”是指中介为其名义维护证券账户的人；

（五）“账户协议”是指关于某一证券账户，与相关中介的、支配该证券账户的协议；

（六）“经由中介持有的证券”是指账户持有人由证券账户贷记证券创设的权利；

（七）“相关中介”是指为账户持有人维护证券账户的中介；

（八）“处分”是指任何绝对转让所有权或让与担保，或任何设定占有或非占有的担保权益；

（九）“完善”是指完成使处分对处分的当事人之外的人生效的任何必要步骤；

（十）对于中介，“营业所”是指中介从事任何活动的营业地，排除意为仅是临时的营业地及中介之外任何人的营业地；

(十一)“破产程序”是指为重整或清算的目的,集体的司法程序或行政程序,包括临时的程序,其中债务人的资产和事务受法院或其他有权部门控制或监督;

(十二)“破产管理人”是指被授权管理重整或清算的人,包括临时授权的人,包括适用的破产法允许的占有财产的债务人;

(十三)“多单元国家”是指在一国内部两个或更多领土单元,或该国与一个或更多领土单元,关于第 2 条第 1 款规定的任何事项有自己的法律规则的国家;

(十四)“书面”是指有形的或之后可以有形形式复制的其他形式的信息记录(包括电传信息)。

二、本公约提到处分经由中介持有的证券包括——

(一)处分证券账户;

(二)为账户持有人的中介利益的处分;

(三)由维护和运营证券账户的任何请求权产生的,为账户持有人的中介的法定留置权。

三、仅以下列理由,不视为本公约意义上的中介——

(一)以证券发行人的登记人或转让代理人能力行为的人;

(二)以他人的管理人或代理人能力行为,或从事其他纯粹管理职能,在本人簿记记录中介为他人名义维护的证券账户贷记的证券的明细。

四、除非第 5 款另有规定,作为中央证券存管机构的人维护的证券账户,在此账户贷记的证券,或可通过此人维护的证券账户的簿记转让的其他证券,对于这些证券此人视为本公约意义上的中介。

五、证券持有转让在发行人记录或其他作为对抗发行人的主要权益记录的系统,对于以该系统运营人能力行为的人维护的证券账户贷记的证券,证券成立依据的法律所属的缔约国可以在任何时间声明,系统运营人不是本公约意义上的中介。

一、定义——第1条第1款

(一)"证券"

1-1 "证券"的定义有意设置得非常广泛,避免正面列举或排除金融工具的清单,鉴于市场实践进展这份清单可能过时。证券这一术语包括所有金融性质的工具和资产(现金除外),无论是记名还是不记名形式,是否有凭证代表或无纸化。因此,包括所有债权证券、股权证券,唯一限制是争议涉及的工具或资产必须是金融工具或资产,且必须能贷记中介维护的证券账户。

1-2 金融工具或资产一般包括作为投资工具的可交易的金钱权益(是否还有其他权益,如投票权和/或成员权),如果不是由单一投资者持有,则每一单元按照标准条款发行,以直接持有或经由中介持有。但是,贷记证券账户的金融工具或资产,不必符合上述任何条件,以构成《海牙证券公约》意义上的证券。定义有意设置得非常广泛,以适应市场实践变化(参见1-3进一步论述)。《海牙证券公约》避免以"清单"列举包括的和排除的工具,而以"经由中介持有"一词作为主要限制。因此,法院或法律顾问无须耗费大量时间,判断某一资产是否属于证券;如果资产可以贷记证券账户,且为金融性质资产,则是《海牙证券公约》意义上的证券。工具的发行方式并不重要。其可以直接在市场发行,可以通过承销商募集,也可以发行给有限的投资者群体或单一投资者。其可以是存托在国际或国内中央证券存管机构的单一凭证(或大额凭证),投资者可在中央证券存管机构开户取得权益,无论单一凭证是永久的还是临时的或半永久的,或者允许账户持有人在特定情况下将权益兑换成凭证。其可以是从券商、银行或其他金融机构购买的金融工具(如存托证)。明确属于定义的有股票、股份和债券(无论是否在证券交易所上市或在其他官方市场上市),集体投资计划份额,交易所交易的金融期货和期权,信用衍生品,货币市场发行的短期本票(商业票据),权证,存单,银行承兑票据,按伊斯兰法发行的证券和美国存托证。

1-3 其他金融工具,如果尚未视为证券,未来可能由于市场惯例变化视为证券。某一工具或资产是否属于证券定义不取决于其名称,更不取决于国内监管法,而取决于是否是可以贷记证券账户的金融工具或资产类型。因此,是否构成证券的标准是易变的,取决于关键时刻相关市场实践和认知。

1-4 短语"其中权益"明确,《海牙证券公约》条款关于证券持有和处分的规定,不限于完全所有权或共有财产权(包括赋予对基础证券有对抗相关中介的财产权的共有财产权),也包括其他更有限的权利,如占有或非占有的担保权益。参见1-19关于处分的评述、第2条评述(特别是2-30和2-31关于第2条第2款评述、2-11关于第2条第1款第1项评述)。另外,鉴于中介持有系统可能涉及账户持有人和发行人之间的中介链条,该术语也包括账户持有人的中介(或链条中任何其他中介)对通过其中介持有证券的权益。

1-5 "证券"定义明确排除"现金"。"现金"一词不限于实体货币(在此意义微乎其微),在广义上包括银行存款。因此,"证券"不包括为客户买入证券而支付给中介的现金或保证金,更不包括一般存款账户。公约法不支配中介维护的客户账户贷记现金赋予账户持有人的权利,由法院地其他冲突规范确定的适用法律支配,无论是现金贷记中介维护的证券账户还是独立的现金账户。另一完全独立的问题是,处分经由中介持有的证券,是否有权取得贷记证券账户证券的相关分红、收入或其他分配,或回购、出售或其他收益。此问题由按照第2条第1款第7项(参见2-29)确定的公约法支配。

(二)"证券账户"

1-6 证券账户是中介维护的可以贷记或借记证券的账户。账户可能存在于从最底端的账户持有人到中央证券存管机构(CSD)或国际中央证券存管机构(ICSD)的各级中介的任何级别。在法定证券转让和结算系统的运营人的情况下,如英国CREST系统(参见1-37)和澳大利亚清算所电子登记系统(CHESS)*,术语"证券账户"应广泛解释为,包括任何形式的权益记录和转让记录,无论是否被运营人称为账户。定义不要求账户在任何特定时间有任何证券;所有要求是证券"可以"从账户贷记或借记。账户

* Clearing House Electronic Sub-register System. ——译者注

可以为计划的贷记证券开立，已贷记账户的证券可以被处分，但账户关闭前一直反映账户持有人与中介的持续的合同关系，关于现有和日后取得的证券，这一关系是中介地位的核心(参见 1 – 13 评述)。

1 – 7 证券账户一般由书面或口头账户协议支配。但是，第 5 条第 2 款预见不存在账户协议的账户的可能。例如，北欧 CSD 按照第 1 条第 4 款规定作为中介，维护证券账户。账户不由账户协议支配，而由法律规定和 CSD 规则支配(参见 5 – 7 评述)。

1 – 8 贷记证券账户成立所需的步骤和视为成立的时间在各国不同。一些法域规定需要有簿记作出；其他法域规定中介已决定贷记证券账户，而且/或者相关流程已经开启但未结束即可。这些是公约法支配的问题。参见例 2 – 1。

1 – 9 关于账户持有人为其中介利益处分的相关证券账户，参见 4 – 41 和 4 – 42 关于第 4 条第 3 款的评述。

(三)“中介”

1 – 10 “中介”不限于被授权或以其他方式批准、登记或命名为中介的人。《海牙证券公约》没有定义术语“人”。人包括自然人、自然人群体以及法人[包括公司、有限责任公司、合伙(无论是否被承认为独立于合伙人的人)]、信托、政府、政府部门或工具或政治分支。任何人或人的群体，无论自然人或法人，在业务或其他惯常活动中为他人维护证券账户，或同时为他人和自己维护账户，以此能力行为时是中介。“同时为他人和自己维护证券账户”与第 4 条第 3 款共同明确一个人以中介能力行为，即使中介是账户持有人为其利益处分证券的当事人，如账户持有人向中介质押证券或转移证券所有权，作为预付金或保证金。中介包括业务或其他惯常活动中为他人，同时为他人和为自己维护证券账户并以此能力活动的 CSDs、ICSDs、清算公司、证券公司、银行、央行。

1 – 11 只有为他人或同时为他人和自己维护证券账户、证券权益转让通过其簿记进行的人，才是中介。这是《海牙证券公约》几个条款的明显意义：第 1 条第 1 款第 5 项“账户协议”的定义；排除第 1 条第 3 款第 2 项下以管理人或代理人能力行为的人；第 2 条第 1 款第 1 项提到，证券贷记证券账户创设的权益对抗中介的效力。参见概述 –17 及下文,1 –16,1 –32 及下文,4 –43 及下文。

1 –12 在现代证券持有系统中,第一级以下的任何中介(自己或通过名义持有人从发行人处直接持有证券的中介),一般以两个不同能力活动,即作为通过上级中介持有证券的账户持有人;作为为自己客户维护证券的中介。参见 1 –33 至 1 –35 进一步评述。

(四)“账户持有人”

1 –13 账户持有人是为其名义维护证券账户的人。账户持有人是否作为其他人的代理人或受托人,本人或受益人身份是否披露,本人或受益人名称是否也在证券账户名称明示,账户持有人作为代理人或信义义务人的能力是否公开,一概与《海牙证券公约》项下的账户持有人地位无关(并且完全不减损其地位)。另外,这些事实之一或全部存在,不使本人或受益人成为账户持有人。账户持有人可以授权他人,关于账户指示中介,但是授权(无论是否可以撤销)不使他人成为账户持有人,即使此人的名称在中介关于证券账户的记录有记载,或在账户名称亦有指定。

1 –14 如上所述,中介可能是自己中介的账户持有人。

(五)“账户协议”

1 –15 账户协议是账户持有人和中介之间,支配关于中介维护的证券账户已贷记的证券,或未来贷记的证券的相互权利义务的协议。定义不要求账户协议符合任何形式要求。其可以是口头协议或书面协议,或部分口头、部分书面;可以并入中介的全部或部分规则或程序;如果是书面,可以是一个或更多文件。但第 5 条第 1 款备用规则仅适用于书面账户协议。关于账户持有人将证券处分给自己中介的相关账户协议,参见第 4 条第 3 款和 4 –41 及下文评述。有时某一账户没有账户协议,当事人权利由法律规定(参见 1 –7 和 5 –7)。

(六)“经由中介持有的证券”

1 –16 这是《海牙证券公约》的核心词汇,是指证券贷记证券账户创设的权利束,无论权利按照适用法律(根据第2条第1款第1项按照《海牙证券公约》本身确定的适用法律)是否为财产、合同、混合或其他性质。《海牙证券公约》只适用于贷记证券账户的证券;不适用于直接从发行人取得的权利,即发行人自己或他人为发行人维护的记录中的记名持有人或实际持有代表证券的凭证的人的权利。直到证券首先贷记证券账户而进入间接持有系统,《海牙证券公约》才对证券适用。但证券一旦贷记证券账户,则全部第2条第1款事项适用公约法:关于(i)贷记证券账户的证券创设的任何权利,或(ii)处分任何这些权利。即使在处分证券时,受让人的证券账户尚未贷记证券,也是如此。只要权利是直接或间接源于证券账户即可,无论是否由受让人、转让人或其他在先的当事人持有。在某些国家,如法国和日本,证券贷记证券账户创设的权益仍被视为直接持有基础证券;在发行人和账户持有人之间维护证券账户的人,本身不被视为证券持有人。但这些权利属于《海牙证券公约》范围,因为这些权利源于证券贷记证券账户,不是源于发行人登记册的簿记或占有证券凭证。《海牙证券公约》第1条第4款明确了这一点,其效力受制于第1条第5款,维护账户的人应视为中介,即使根据相关法律,贷记证券账户的证券被视为从发行人处直接持有。参见概述-17及下文、1-32及下文的进一步论述,以及4-43及下文的论述。

(七)"相关中介"

1-17 相关中介是为特定账户持有人、维护特定证券账户的人。将账户持有人的中介与其他所有中介区分开来。在现代证券持有系统中,账户持有人和基础证券的发行人之间,以及处分经由中介持有的证券的对手之间,通常有多级中介。对于任何证券账户,只有一个相关中介,即维护该账户的中介。因此,《海牙证券公约》要求为每一证券账户单独确定适用法律。该意义在于,关于任何证券账户产生的第2条第1款事项,仅由按照第4条或第5条对该账户适用的法律支配。例如,这些事项不受上级中介维护的账户产生的第2条第1款事项的适用法律支配,即使缔约国实体法允许账户持有人"看穿"自己中介,对上级中介主张权利。参见2-24及下文对第2条第1款第5项的进一步评述。

1-18 关于账户持有人为自己中介利益处分证券时的相关中介,参见第4条第

3 款及 4 –41 和 4 –42 评述。

(八)"处分"

1 –19 "处分"包括为任何绝对或为担保目的的所有权转移,及任何其他形式的担保权益。绝对转移所有权的处分包括卖出和买回(回购),买入和转卖(反向回购),卖出/买回或买入/卖回安排和证券借贷中的所有权转让。关于担保交易,包括占有和非占有的担保。但须谨记,《海牙证券公约》不适用于设定担保权益人处分直接持有的证券(参见概述 –24)。因此,质押人/持有人转移不记名证券的相关凭证的实际占有给质押权人,质押不记名证券,不是《海牙证券公约》适用的处分。"处分"的定义所指的占有的担保权益,指向的法律制度(尤其在民法法律制度)有对无形财产转移占有的概念,因此,对证券的占有的担保权益可以通过簿记创设。第 1 条第 2 款进一步明确了"处分"的含义(参见 1 –30 评述)。

(九)"完善"

1 –20 在很多国家,有效创设的担保权益或其他处分,即使在当事人之间因其约定生效,对取得同一标的权益的第三人也无效,除非进一步采取步骤。即简称的完善,第 1 条第 1 款第 9 项定义为,使处分对非处分的当事人有效所需完成的任何必要步骤;非处分的当事人包括破产管理人和破产程序中的一般债权人。例如,使意定担保对担保权人和债务人/质押人之外的第三人有任何效力,适用法律可能要求:担保权人控制证券账户,将证券转入担保权人名下账户,进行公开登记,或者采取其他步骤。对于某些处分,适用法律可能不要求当事人采取担保协议之外的任何特定步骤,使处分对第三人生效。因此,适用法律可能认为,中介对质押或转让给中介的证券账户有完善的担保权益,无须协议本身之外的其他步骤即对第三人生效。相反,某些国家不仅将协议外的步骤作为完善要件,而且将其作为处分本身的构成要件,否则意在创设的处分无效。

1 –21 完善不表明,完善的处分必须顺位先于或者在任何情况下都可有效对抗所有的第三人的请求权。即使担保权益或其他处分是完善的,根据适用法律,完善的权益是否顺位先于特定的竞合权益,也是顺位问题(不是完善问题),如其他完善权益、某些类型的未完善权益、善意不知对抗请求权而取得竞合权益的买方、可能享有法定优先权的债权人如税务部门。同样,属于顺位问题而不属于完善问题的是,按照某种方式完善的担保权益(如控制被质押的证券账户),是否顺位先于以其他方式完善的担保权益(如担保权益在公共登记处登记)。

(十)“营业所”

1-22 “营业所”的含义与《海牙证券公约》一些条款相关。主要意义在于,按照第4条第1款的规定,账户持有人和中介明示约定选择特定国家的法律支配第2条第1款事项;协议为第4条第1款目的有效,仅在订立协议时(适用法律协议),相关中介在该国有营业所,独立或与在任何地方的相关中介其他营业所或为该中介从事活动的其他人,共同从事维护证券账户的业务或其他惯常活动,或以其他方式符合任何“合格营业所”标准(参见4-21及下文的进一步评述)。该要求旨在避免当事人选择一国法,该国与中介的证券业务没有第4条第1款第二句规定的任一联系。“营业所”也用于第一备用规则(第5条第1款),要求书面账户协议明示无歧义地指出中介订立账户协议的营业所(该营业所必须是“合格营业所”);营业所还是第12条第4款的重点,涉及多单元国家的营业所并援引第4条第1款。

1-23 定义没有明确,存在营业所所需的任何特定设施或特征。因此,“营业地”的解释按照一般意义,足够灵活,以包括移动分支机构惯常从事业务所在的船舶等,并能考虑技术发展,如用网络从事证券和维护证券账户的相关活动。如今,已出现很多仅以电子手段与账户持有人联系的“虚拟银行”,因此,账户协议无法在银行实际存在的任何地点订立。但不会产生问题,因为《海牙证券公约》从未要求账户协议事实上的订立地,尽管根据第5条第1款第一备用规则,当事人可以明示指定订立账户协议的地点。营业所是《海牙证券公约》意义上的营业所,不得推定为监管法上授权的营业所。

1-24 排除中介仅有临时设立意图的营业地,是为避免规避合格营业所要求的。采用“意图”一词表明,这个问题根据中介设立营业所时的意图判断,而不是根据营业所的实际存续期间或活动判断,这在订立协议时可能并不知晓。因此,证券账户开立时,中介不是仅有临时设立意图的营业所,短期内由于经营未达预期而实际关闭的,仍是符合定义的营业所。同样,中介嗣后将营业所变为临时意图,不影响营业所作为第 4 条第 1 款意义上的合格营业所。参见 4 – 27 及下文进一步评述。

1 – 25 定义是指从事中介任何活动的营业地。不必包括维护证券账户或第 4 条第 1 款第 1 项第 1 目和第 2 目所述职能。但是如果不包括这些活动,且不满足第 4 条第 1 款第 2 项,营业所不构成第 4 条第 1 款或第 5 条第 1 款第一备用规则要求的"合格营业所",但可能构成第 5 条第 2 款和第 3 款的第二和第三备用规则要求的营业地。营业所必须是中介自己的营业所。该定义排除任何其他人的营业地,按照第 6 条第 4 款规定,确定适用法律不考虑这些地点。因此,中介子公司或其他所属机构的营业所不是《海牙证券公约》意义上的中介营业所。但这一排除不影响第 4 条第 1 款第 1 项第二句关于"合格营业所"的明示规定,即明示规定相关中介营业所的职能与相关中介其他营业所的职能,或者与为相关中介活动的任何其他人(包括子公司或其他附属机构)无论在何处从事的职能,结合起来符合第 4 条第 1 款第二句规定条件。

(十一)"破产程序"

1 – 26 定义与 2001 年《联合国国际贸易应收款转让公约》(以下简称《联合国公约》)第 5 条相同。定义非常广泛,包括任何国家破产法规定的多种程序,包括临时程序。定义适用,不考虑债务人性质、启动破产程序的理由、目的(清算、重组或其他)、程序是自愿还是非自愿,但是限于集体程序,即破产管理人代表一般债权人的群体,明显区别于某些法域为特定债权人提供强制执行救济的程序(如英格兰的行政接管人)。

(十二)"破产管理人"

1 – 27 定义来自《联合国公约》第 5 条(参见 1 – 26)和 2001 年《移动设备国际利益公约》(以下简称《开普敦公约》)第 1 条第 12 款。破产管理人可以是政府机构或私人,其都有相关破产法赋予的权力。但是不包括代表特定担保债权人履行管理职能的人(参见 1 – 26),或者非正式重整安排中的债权人群体的代表。"占有债务人"是指一些法域的破产法规定的,重整中的破产债务人的业务开展由其原管理层保留。

(十三)“多单元国家”

1-28 一些国家由有不同法律制度的领土单元组成。这些可能是联邦制国家，立法权在联邦立法机关和州或省立法机关之间分配，或者非联邦制国家由有不同法律制度的两个或更多领土单元组成。第12条和第5条共同包括为多单元国家确定适用法律的特别规定，效力是《海牙证券公约》提到的国家，有些情况下是指相关领土单元，有些情况下是指国家本身（如第4条第1款“合格营业所”标准），而第16条和第20条授权缔约国对领土单元作出声明。

(十四)“书面”

1-29 广泛定义的目的是与技术发展同步。明确可以以有形方式复制的电子传输数据，视为书面。定义是基于《开普敦公约》第1条第40款的定义（参见1-27），但删掉了短语“通过合理方式表明一方对记录的认可”，因此不要求实际签名或电子签名或其他方式认证。第5条第1款备用规则要求有书面账户协议。第22条第1款也要求缔约国将声明书面通知保存机关。

二、其他定义性条款

(一)处分——第1条第2款

1-30 第1条第2款包括三个独立的规定，以消除对术语“处分”范围的疑问，并避免误解。第一，第1条第2款第1项明确，处分证券包括处分证券账户整体，或者证券账户贷记的一只、几只或全部证券。例如，一些法律制度允许对证券账户设立担保时，在现有或未来贷记的、部分或全部证券上设定担保权益；两种处分都保留作为账户持有人的担保人，对担保负担的证券从事交易的权力和权利（除非可能有协议限制）。实现担保权益自动及于当时和未来贷记证券账户的所有证券的另一方法，是对证券账户整体设定担保权益。这一技术能为设定担保提供有效便利，且使提供担保人能灵活管理其投资证券。第2条第1款明确，后一方法也属于术语“处分”的意义。绝对转让证券账户所有权的区别在于,账户不再为转让人维护,转让人不再有权交易账户中的证券;的确,实现绝对转让证券账户所有权的交易,可将当时证券账户贷记的所有证券,转让到为受让人维护的证券账户(而非转让转让人的证券账户本身)。

1-31 第二,第1条第2款第2项规定提到“处分”,包括为账户持有人的中介利益的处分。中介普遍要求,用中介为账户持有人持有的证券、为中介设定质押或转移所有权,担保中介对账户持有人的授信,无论是否用于买入证券或其他用途。第三,尽管《海牙证券公约》一般只适用于意定的权益,但第1条第2款第3项规定了一种例外,即处分包括为账户持有人的中介的法定留置权,法定留置权关于维护和运营证券账户产生的任何请求权。“法定”包括仅由协议产生的留置权之外的所有留置权。因此,第1条第2款第3项适用于法定留置权,司法创设或承认的留置权,包括清算留置权和银行的留置权,在每种情况下,它们都与维护和运营证券账户有关,而不是与银行存款账户有关。运营清算系统的中介通常向客户授信,以促进这些系统的有效运行。另外,经纪交易商可能提供资金,代账户持有人买入证券,或者有意获得其他证券的收益,之后发生买方结算延误。适用的成文法或判例法可能赋予这些中介对为客户维护的证券的留置权,在中介任何授信、账户管理费用和处理公司行动等范围内。第1条第2款第3项确保此类留置权视为适用《海牙证券公约》冲突规范意义上的处分。非意定留置权在第1条第2款第3项之外(如税收留置权),只表明不是《海牙证券公约》意义上的处分。但是可能也受《海牙证券公约》影响,如公约法决定非意定留置权的持有人和意定担保权人的顺位。登记人或转让代理人应区别于证券转让结算系统的法定运营人(参见1-36)。

(二)中介——第1条第3款至第5款

1. 简介

1-32 第1条第3款至第5款旨在明确,某些当事人是否应为《海牙证券公约》目的被视为中介(包括某些系统及其参加人)。《海牙证券公约》谈判中明确指出,与这些条款特别相关的是丹麦、芬兰、挪威和瑞典的当地中央证券存管机构(CSD),CREST系统为英国和爱尔兰发行人发行证券的转让系统,法国、日本的系统(参见1-11、1-16评述)。

2. 第1条第3款

1-33 第1条第3款明确,仅作为证券发行人的登记人或转让代理人从事行为的人,不是中介(第1条第3款第1项),或作为管理人、代理人或以纯粹管理职能在自己簿记中为账户持有人记录其中介为其名义维护的账户贷记的证券,不是中介(第1条第3款第2项)。

1-34 登记人的职能一般包括为发行人名义维护证券登记册、处理公司行动。登记人因此实质上是发行人的记录保管人,而不是中介。登记人的职能一般与转让代理人的职能合并,转让代理人为发行人处理证券转让,在登记册记录替代转让人的受让人名称。同样地,转让代理人以此能力行为不是中介。第1条第3款第1项严格来说没有必要,仅是为了避免误解。第2条第3款第3项加强这一点(参见2-34评述)。证券转让结算系统的法定运营人,如英国CREST系统和澳大利亚CHESS系统(参见1-37),可与登记人或转让代理人区分开来。

1-35 第2项涉及的是,银行与客户约定,代客户在第三人处为客户名义开立账户,管理客户投资,银行自身同时维护客户持有的平行记录。银行不因此成为中介,因为银行不是为客户持有证券的当事人,也不能通过银行记录转让证券,银行仅记录第三方中介为客户维护的记录的持有情况。因此,银行的地位与CSD或其他维护可以转让证券的记录的人不同(参见第1条第4款和1-36评述)。当然第1条第3款并不排除,某一账户的代理人、管理人或从事纯粹管理职能的人作为其他账户的中介。

3. 第1条第4款

1-36 本款受制于第1条第5款,明示确认对于下列证券,下列人视为《海牙证券公约》意义上的中介:(i)以CSD能力行为的人维护的证券账户贷记的证券,或者(ii)可以通过以CSD之外的能力的人维护的可以转让证券的证券账户的簿记转让的证券。例如,为本国政府发行的记账式政府证券维护账户的央行,或法定无纸化证券持有转让安排下,维护证券账户的人。与第1条第3款规定的人不同,第1条第4款规定的是,CSD、央行和其他维护转让证券可能需要或必需簿记的人,而不仅是以登记人或转让代理人能力为发行人从事行为的人。因此,CSD、央行或其他维护投资者持有记录的人有资格成为中介,即使CSD、央行或其他人维护的证券账户贷记的证券,在投资者和发行人之间创设直接关系,且创设可以对发行人行使的权利。这对于北欧国家尤其相关。在北欧国家,国内证券即使贷记CSD维护的账户,仍可以针对发行人行使。故CSD应被视为中介,即使不是以中介能力从事活动,以受益于《海牙证券公约》提供的法律确定性。后果是《海牙证券公约》对CSD维护的账户适用,即使在CSD维护的账户贷记证券,为账户持有人创设的权利,可针对发行人行使。CSD作为真正意义上的中介行为时,不需要适用第1条第4款,例如,它作为账户持有人以自己名下的在其他CSD的账户维护外国证券。即使不是CSD的人,只要证券转让可以通过其维护的记录进行,则此人是中介,无论此人是否出现在所有权链条。本款还确认,如果央行对可以通过央行维护的证券账户的簿记转让的证券采取行动,则央行对于这些证券是中介。有些法律制度认为,维护可以通过簿记实施转让证券的账户的人,不是证券所有权链条中的链接,所有权链条直接从发行人到最终账户持有人。这是法国法和日本法的制度。这些人也是《海牙证券公约》意义上的中介。参见概述-17及下文、1-16、4-43及下文评述(特别是4-50)。如1-6所述,对于证券转让结算系统的法定运营人,提到证券账户应广泛解释为,包括任何形式的持有或转让记录,无论其是否被运营人称为账户,因此,当前应包括澳大利亚CHESS系统的子登记册等,在其他方面类似于下文所述英国CREST系统。

4. 第1条第5款

1-37 第1条第5款的起草,着眼于英国CREST系统,但也可能与其他类似系统相关。CREST系统通过系统运营人CRESTCo公司*维护的账户中的计算机簿记,转让根据英国、爱尔兰、根西、泽西和马恩岛法设立的证券。作为系统运营人,CRESTCo公司维护直接从发行人持有证券的投资者的持有记录。通过CREST取得证券的人记录在CREST的记录。对于按照英国法成立的证券,CREST系统记录构成持有人登记册(权益的主要记录)。对于其他证券,CREST系统实施的转让明细被传送给发行

* 现为Euroclear UK & Ireland。——译者注

人,由发行人维护持有人登记册;发行人应按照适用立法更新登记册以反映转让。第1条第4款可能产生问题,如对于CREST,如果在一国(爱尔兰)成立的公司发行的证券,完全由CREST之类机构处理,机构在该国无营业所,在另一国(英国)成立和运营。第1条第4款可能导致对爱尔兰证券适用英格兰法。第1条第3款第1项无法解决问题,因为CREST不是发行人的转让代理人,而是独立的法定系统运营人。对此,第1条第5款允许缔约国声明,在发行人记录或者其他构成对抗发行人的权益的主要记录实施证券持有和转让的系统,其运营人不视为《海牙证券公约》意义上的中介。CREST属于这两种情况,因此可根据第1条第5款对其声明。第1条第5款还允许缔约国声明,CSD不以中介能力活动时不视为中介。

1-38 按照第1条第5款进行声明限于证券设立所依据的法律所属国,因为按照《海牙证券公约》的常规适用会侵犯该法。该声明可以在任何时间。

1-39 缔约国("缔约国"定义参见1-43)无须对按照其法律发行的所有证券作出声明,作出声明可以限于规定的一类或多类证券。

1-40 第1条第5款声明只影响,涉及CSD或根据第1条第4款作为中介的其他人的关系。对于CSD经由其他CSD持有的外国证券,CSD可能构成真实的中介。

三、解释报告中的其他用语

1-41 为方便起见,《海牙证券公约》中没有出现的下列术语在本报告中使用。

1-42 "第2条第1款事项":公约法支配的第2条第1款列举的事项。

1-43 "缔约国":《海牙证券公约》在多个条款中采用该术语,但意义不同。1969年《维也纳条约法公约》第2条第1款第6项规定,"缔约国"是指同意受公约约束的国家,无论公约是否生效;这与"当事国"截然不同,按照《维也纳条约法公约》第2条第1款第7项规定,"当事国"是指同意受公约约束且公约对其生效的国家。[21]

1－44 “公约法”:适用《海牙证券公约》第 4 条或第 5 条规则确定的实体法。

1－45 “合格营业所”:符合第 4 条第 1 款第二句规定条件的营业所(参见 4－21 及下文评述)。对于第 4 条第 1 款(主要规则),确定是否符合条件的时间是,明示选择适用法律的协议订立之时,或者在修改账户协议而修改或单列且明示重申在先的适用法律协议的情况下的这种修改或重申时(参见 4－27 及下文评述)。对于第 5 条第 1 款(备用规则),确定是否符合条件的时间是,书面账户协议(包括规定的明示无歧义的陈述)首次订立时(不是订立明示的适用法律的协议时),参见 4－29 和 5－4 评述。

[21] 为避免引起误解,本报告采用《海牙证券公约》用语,只使用术语“缔约国”。但应指出,第 1 条第 5 款使用术语“缔约国”,是指缔约国和当事国(都可以作出规定的声明)。同样,第 9 条的术语,包括缔约国和当事国(无论是否是缔约国或当事国的法律公约法都适用)。第 15 条使用术语“缔约国”,是指当事国。第 16 条第 2 款有三次使用“缔约国”,第一次是指当事国,后两次是指缔约国和当事国(即两种身份都可以作出规定的声明)。第 16 条第 3 款有两处提到“缔约国”,都指缔约国和当事国(即两种身份都可以作出规定的声明)。第 18 条的术语“缔约国”是指缔约国和当事国。

第2条 本公约和适用法律的范围

一、本公约决定关于经由中介持有的证券的下列事项的适用法律——

(一)证券贷记证券账户创设的权利的法律性质和对抗中介和第三人的效力;

(二)处分经由中介持有的证券的法律性质和对抗中介和第三人的效力;

(三)处分经由中介持有的证券的任何完善要件;

(四)某人对经由中介持有的证券的权益是否使他人权益灭失或顺位先于他人权益;

(五)中介对账户持有人之外的任何人的任何义务,此人对经由中介持有的证券主张与账户持有人或其他人的权益竞合的权益;

(六)实现对经由中介持有的证券的权益的任何要件;

(七)处分经由中介持有的证券,是否及于有权取得分红、收入、其他分配,或者回购、出售或其他收益。

二、本公约决定关于经由中介持有的证券的处分或权益的第1款规定事项的适用法律,即使证券贷记证券账户创设的权利按照第1款第1项确定为合同性质。

三、受制于第2款,本公约不决定下列事项的适用法律——

(一)证券贷记证券账户产生的纯粹合同或其他纯粹对人的权利义务;

(二)处分经由中介持有的证券的当事人之间的合同或其他对人的权利义务;

(三)证券发行人、发行人的登记人或转让代理人的权利义务,无论是对账户持有人还是任何其他人。

一、概述

2－1 第2条不是概括地规定《海牙证券公约》的实体范围，而是通过公约法适用的具体事项的全面清单来界定。[22]《海牙证券公约》是纯粹冲突法公约，不影响或规定适用于经由中介持有的证券的实体法。因此，其对现行或未来的实体法规则没有影响，尤其是投资者在经由中介持有的证券中的权益的性质，以及创设和处分这种权益的要件；也不对经由中介持有的证券的权益是否可以，出于任何目的越过该中介追溯到上级中介或发行人的实体法问题采取立场（参见概述－18及下文和下文评述）。

2－2 第2条第1款以广泛而有意概括的用语，穷尽《海牙证券公约》范围的所有事项。第2条第2款强调第2条第1款事项的范围广泛，规定《海牙证券公约》决定关于处分证券权益和静态持有证券权益的全部第2条第1款事项，即使贷记证券账户的证券创设的权益是合同性质（参见2－30评述）。第2条第1款第1项至第7项的全部事项，都由按照第4条或第5条任一备用规则确定的适用法律支配。第2条第1款清单意在广泛全面，包括所有可能有实际意义的事项；《海牙证券公约》不适用于第2条第1款之外事项。极少数情况下才需要详细考察清单用语或清单的特定类型，以决定某事项是否属于其中（参见2－9）。对于特定证券账户，无法对某些第2条第1款事项适用一法，对其他问题适用另一法（参见4－10）。

2－3 《海牙证券公约》仅适用于经由中介持有的证券。如果证券未贷记证券账户，《海牙证券公约》不适用于下列人的权利：发行人维护的或为发行人维护的记录、记载的记名持有人，或占有代表不记名证券凭证的人（参见2－16后的例2－1）。在证券首次贷记证券账户进入中介持有系统之前，不适用《海牙证券公约》。但证券一旦贷记证券账户，则证券贷记账户创设的或处分此类证券的任何权利的全部第2条第1款事项，适用公约法，无论贷记账户是为账户持有人利益还是任何其他人利益，无论账户持

---

[22] 为行文简洁起见，这些问题称为第2条第1款事项，公约法是指《海牙证券公约》确定的实体法（参见1－44）。

有人是否还有直接对抗发行人的权利,即使《海牙证券公约》不决定发行人权利义务的适用法律(例2-1、例2-2、例2-3、例2-12)。

2-4 缔约程序最初关注的是,对经由中介持有的证券的财产权;的确,早期的草案明确将《海牙证券公约》限于财产权。但之后缔约程序和最终文本有重大修改,这源于外交会议上深入讨论是否有必要包括全部第2条第1款事项,无论这些事项在特定法律制度中的定性(导致《海牙证券公约》抛弃财产/合同等措辞作为界定《海牙证券公约》适用范围的基础),以及第2条第1款和现在的第2条第2款及第3款的关系。第2条第2款对第2条第1款的澄清,以及第2条第3款第1项、第2项受制于第2条第2款,表明意图在于区分:(i)关于证券本身以及源于贷记证券账户,或者处分经由中介持有的证券的那些权利(无论是财产、合同、混合或其他性质);(ii)第2条第1款事项之外的,完全由账户持有人与中介或处分的当事人之间的合同关系产生的权利。前者属于第2条第1款事项,因此由公约法支配,后者由法院地《海牙证券公约》之外的冲突规范支配。

2-5 有时需要确定某一问题是否属于第2条第1款清单。对此,应该按照第2条第1款和第2款用语决定,不按照公约法本身识别权利。只有按照《海牙证券公约》确定适用的实体法后,公约法才起作用,才能确定该实体法要求的任何识别并承认其效力。因此,无须识别账户持有人对证券本身的权利或其他贷记证券账户的证券创设的权利,是财产权、对人权还是其他权利,以确定《海牙证券公约》是否适用。《海牙证券公约》适用于贷记证券账户的证券的相关权利,无论任何法律制度对此权利的法律性质的归类,无论账户持有人是否有直接对抗发行人的权利。

2-6 第2条第1款规定事项与其他事项的区别,在第4条第1款也有体现,该条允许账户协议的当事人选择支配第2条第1款事项的适用法律,该法律不同于账户协议的一般适用法律,后者由法院地的冲突规范决定,而不是《海牙证券公约》所载的规则。

2-7 第2条第3款第1项提到贷记证券账户的证券创设的权利,用语并不恰当,但无意也不应解释为对第2条第1款的限制,而是涉及第2条第1款之外的所有纯粹合同或其他纯粹对人的权利。因此,第2条第3款第1项受制于第2条第2款,第2条第2款明确规定,《海牙证券公约》适用于全部经由中介持有的证券的相关权利,即使贷记证券账户的证券创设的权利被定性为合同性质的权利(参见2-30)。相反,第2条第3款第1项的效力是强调,第2条第1款不适用于账单内容和频率、中介维护证券账户的注意标准、损失风险、指令期限等。类似地,第2条第3款第2项也受制于第2条第2款,旨在强调第2条第1款不适用于处分证券的事项,如处分证券的数额、种类和价格等(参见例2-11)。

2-8 因此,第2条第1款事项应被最广泛地解释,包括贷记证券账户的证券创设的所有权利,无论任何法律制度对这些权利的法律性质的定性。第2条第1款事项包括:回购协议或转移证券所有权的安排是否被重新识别为质押(例2-7);接受担保人是否有权重复使用经由中介持有的证券(例2-8);完善要件;顺位规则(例2-9);面对竞合请求权的中介的义务,包括"上级扣押"(例2-10);处分证券是否及于获得分红或其他收入和收益的权利。

二、第2条第1款:《海牙证券公约》确定的适用法律支配的事项——详细规定

(一)事项清单性质

2-9 第2条第1款界定公约法支配的事项,全面列出涉及经由中介持有的证券交易中产生的典型实际问题。主要交易是证券贷记证券账户,并处分贷记证券账户的证券(涉及一个或更多中介维护的一个或更多证券账户的借记和贷记)。清单用语明显表明,任何事实都会涉及一项以上规定,因此没有必要决定哪一项适用。事项属于清单范围即可。例如,以经由中介持有的证券设定担保权益是第2条第1款第2项所述的处分,因此,《海牙证券公约》决定担保权益"对抗中介和第三人的效力"的适用法律。但是,使担保权益对第三人生效需要满足第2条第1款第3项所述的相关的完善要件。按照第2条第1款第4项的规定,公约法决定,接受担保人的担保权益是否使他人权益灭失,或顺位先于他人权益(包括账户持有人、相关中介和任何第三人的权益)。该例表明应整体考察清单,只有争议不属于任何项目的事项,才不在《海牙证券公约》范围。

2-10 第2条第1款清单另有用途。对于特定证券账户,第1项到第7项的各项事项由同一法律支配,即按照《海牙证券公约》确定的适用法律。同样,第4条和第5条决定所有规定问题的适用法律。因此,第2条第1款清单确保,经由中介持有的证券的交易可能产生的所有实际问题受《海牙证券公约》支配,这样不仅《海牙证券公约》确定的法律的范围得到一致承认,而且单一法律必须支配所有这些事项。当事人越依赖《海牙证券公约》适用,《海牙证券公约》提供事先确定性的目标就越容易实现。第2条的用语和结构,旨在阻止法院试图认定案情在《海牙证券公约》范围之外。如果争议涉及贷记证券账户的证券,则有可能属于第2条第1款的宽泛用语的范围。

(二)清单内容

1. 证券贷记证券账户创设的权利的法律性质和效力

2-11 账户持有人由贷记证券账户的证券创设的权利的定性,在不同法律制度有很大不同。一些法律制度将账户持有人的权利定性或命名为常规寄托、特殊寄托或可以追溯到特定证券的其他形式的财产权利。一些国家将账户持有人的权利定性为非常规寄托、一般寄托,或针对中介交付或转让特定种类和数量的证券的其他形式的纯粹对人(合同)权利。在另外一些国家的制度,账户持有人的权利被定性或命名为信托受益权,信义利益,证券账户簿记,对混合的、名义的、簿记的证券的共有财产权,证券权利或其他财产、合同或其他权利构成的权利束(参见例2-4至例2-6)。

2-12 所有法律制度都需要制定明确的冲突规范,确定适用法律,支配账户持有人对证券贷记证券账户创设的权利的法律性质和效力,无论投资者对经由中介持有的任何证券针对相关中介的权利在国内法认定的性质。第2条第1款应对这个需求,规定《海牙证券公约》决定支配权利的性质和对中介与第三人效力的适用法律。因此,无论账户持有人由证券贷记证券账户创设的权利定性为前段所述哪种法律性质或任何其他方式,《海牙证券公约》都决定第2条第1款事项的适用法律,即使按照公约法投资者被视为证券的直接所有人。

2-13 第2条第1款第1项也适用于证券首次贷记投资者的证券账户,之后没有处分证券的情况(静态的情况是,投资者买入证券,想知晓证券贷记投资者的证券账户而对中介享有的权利)。

2-14 《海牙证券公约》只涉及经由中介持有的证券,不涉及直接持有证券的问题。《海牙证券公约》也不支配证券发行人的权利义务的适用法律,无论证券是直接持有还是经由中介持有(第2条第3款第3项;参见2-34)。

2-15 证券贷记证券账户可以因:(a)首次发行证券时发行人将实体或簿记证券存托在CSD,指令CSD将证券贷记账户持有人的证券账户;(b)账户持有人最初以自己的名义持有证券,后将证券存托在中介;或(c)中介为客户账户买入或接收证券,或者将其自己现有的证券转入客户账户。证券贷记是否依法实施及实施时间,由公约法支配(参见例2-2),即使只是少数情况下才会产生这个问题。例如,公约法可能规定,中介为投资者利益收到证券时(贷记中介的中介为其维护的账户),证券已贷记客户证券账户(即使事实上尚未贷记),即"视为贷记"。

2-16 如果法院认为按照公约法,争议证券尚未贷记任何证券账户并进入中介化系统,则《海牙证券公约》不适用于这些证券,法院地其他冲突规范支配证券的任何争议。但是按照公约法,证券一旦贷记证券账户,公约法支配关于静态的(参见2-13评述)和关于后来处分的第2条第1款事项,无论处分本身是否已体现在贷记另一证券账户中(参见例2-2)。但是一旦处分体现在贷记另一证券账户,此次贷记创设的权利以及其他所有第2条第1款事项,受按照该另一账户确定的公约法支配,如果此另一账户由其他中介维护,则该中介为相关中介(参见4-11、4-43及下文进一步评述)。

例2-1

投资者I持有某些记名证券,占有代表其他不记名证券的凭证。I将所有证券出售给C,C取代T登记为记名证券的持有者,I交付给C代表不记名证券的凭证。《海牙证券公约》不支配任何I或C的证券权益或处分证券产生的任何争议,因为证券从未贷记证券账户。法院地《海牙证券公约》之外的冲突规范,决定此类证券权益或处分证券产生的所有争议的适用法律。

例 2－2

事实与例 2－1 相同，除按照 C 的指示，I 将证券凭证交付 C 的中介，以贷记 C 的证券账户。之后 C 指示其中介将证券贷记 T 在 T 的中介的证券账户，但是由于计算机错误，证券贷记 T 在 T 的中介的证券账户的时间有延误。公约法决定证券视为贷记 C 的证券账户的时间，以及其贷记的效力。如果按照公约法，证券视为未贷记该证券账户，则《海牙证券公约》不再适用，因为证券尚未经由中介持有。因此，在证券经由中介持有之前，支配证券权益的适用法律，按照法院地《海牙证券公约》之外的冲突规范确定。如果按照公约法，证券视为已经贷记 C 的证券账户，因此已进入中介持有系统，则根据该账户确定的公约法，支配 C 的证券权益和对 T 的处分的全部第 2 条第 1 款事项。一旦证券贷记 T 的证券账户，贷记账户产生的权利及其他全部第 2 条第 1 款事项，由按照 T 的证券账户确定的公约法支配，而不是 C 的证券账户。参见 4－43 及下文。在任何情况下，《海牙证券公约》都不决定发行人的权利义务的适用法律，因为该事项在第 2 条第 1 款范围之外。

例 2－3

投资者使证券贷记中介为其维护的证券账户，中介按照韩国法成立。韩国中介经由按照日本法成立的中介为其维护的证券账户，持有相应数量的同种证券。基础证券是按照日本法成立的公司发行的。之后在《海牙证券公约》生效的鲁里坦尼亚提起诉讼，争议是《海牙证券公约》是否适用，确定投资者对证券贷记其证券账户创设的权利的第 2 条第 1 款事项的适用法律。原告主张《海牙证券公约》不适用，因为按照日本法，投资者有权直接对发行人行使权利，在其他方面也作为证券直接所有人。此观点没有依据，必须排除。《海牙证券公约》确定经由中介持有的证券的第 2 条第 1 款事项的适用法律，无论投资者是否有权直接对发行人行使证券权利，或在其他方面被作为证券直接所有人。在任何情况下，《海牙证券公约》都不决定发行人的权利义务的适用法律，因为该事项在第 2 条第 1 款范围之外。

例 2－4

投资者有证券贷记中介为其维护的证券账户，中介依照纽约法成立。之后在《海牙证券公约》生效的鲁里坦尼亚提起诉讼，争议是《海牙证券公约》是否适用，以确定贷记证券账户的证券的第 2 条第 1 款事项的适用法律。原告主张：(i) 如果投资者对证券的权益是“纯粹合同或其他纯粹对人性质”，《海牙证券公约》不决定任何第 2 条第 1 款事项的适用法律；(ii) 纽约法定义证券贷记证券账户创设的权利的法律性质，是所谓证券权利的自成一体的权利束；(iii) 某些或所有权利是纯粹合同或其他纯粹对人性质的。这些观点是谬误。无须考察争议的权利是财产权、纯粹对人权还是其他权利，以确定《海牙证券公约》是否适用。《海牙证券公约》决定投资者的证券权利的全部第 2 条第 1 款事项的适用法律，无论按照纽约法、鲁里坦尼亚法或任何其他法，证券权利是否部分或全部定性为财产、合同、混合或其他性质。相反，《海牙证券公约》不决定账户持有人和中介之间的纯粹合同事项，该事项不属于第 2 条第 1 款列举事项的范围（参见 2－4 至 2－7、2－32 至 2－33 评述，及例 2－11）。

例 2－5

事实与例 2－4 相同，除中介按照德国法成立。原告主张《海牙证券公约》不决定任何第 2 条第 1 款事项的适用法律，因为德国法定义证券贷记在中介的证券账户、创设的权利的法律性质为证券账户簿记，这种权益是纯粹合同或者其他纯粹对人性质的。即使如此，《海牙证券公约》仍适用。

例 2－6

事实与例 2－4 相同，除中介按照意大利法成立。原告主张《海牙证券公约》不决定任何第 2 条第 1 款事项的适用法律，因为对于证券贷记证券账户创设的权利的法律性质，意大利法定义为非常规寄托，是纯粹合同或其他纯粹对人性质。这些观点没有依据。不需要考察证券权利性质是财产性质还是纯粹对人性质或者其他性质，以

> 确定《海牙证券公约》是否适用。《海牙证券公约》决定关于投资者的非常规寄托的全部第2条第1款事项的适用法律,无论非常规寄托按照意大利法、鲁里坦尼亚法或任何其他法律,证券权益是否部分或全部具有财产、合同、混合或其他性质。

2-17 即使当事人约定,证券权利为纯粹合同性质,结果仍然如此。

2. 处分的法律性质和效力

2-18 按照第2条第1款第2项的规定,公约法确定处分证券的法律性质和对抗中介和第三人的效力。"处分"由第1条第1款第8项定义,第1条第2款进一步解释(参见相关条款评述)。这些条款实现《海牙证券公约》的功能性方法,即包括所有的转让,不限于"处分"的经济功能或处分可能归类的法律范畴。因此,确定《海牙证券公约》是否适用,不需要先验地考察绝对出售或让与担保是否为处分,而是由《海牙证券公约》确定的适用法律决定处分的性质(以及对第三人的效力)。

2-19 因此处分的当事人可以依赖的事实是,《海牙证券公约》决定的适用法律确定处分的法律性质(及其效力)不应被其他法律质疑或变更(至少《海牙证券公约》生效的国家的法官不应如此)。这对于让与担保或出售买回协议(回购)交易尤其重要。回购(至少在某些法律制度)的优势是,规避适用于质押的完善规则和对接受担保人重复使用证券权利的限制。回购交易的当事人传统上往往面临回购被法院重新识别为质押的风险——因为法院认为:(i)当事人意在使交易具有质押的法律性质,无论其形式如何;或者(ii)交易实质的法律性质是质押,不考虑当事人意思——后果是如果未符合质押的完善要件,全部担保安排无效。如果当事人进行回购交易(或者采用任何其他让与担保安排),所有缔约国的法官有义务适用公约法确定处分的法律性质。交易形式、实质和当事人对交易的法律性质的意图,不影响确定处分法律性质的适用法律,但是可能影响公约法的适用。《海牙证券公约》不规定处分的法律性质的实体法(因此不排除按照适用法可能重新识别),但是支配该问题的适用法律,因此给交易当事人提供确定性。

例 2－7

按照日本法成立的投资者与按照英格兰法成立的银行订立协议，约定如下：(1)投资者向银行出售中介为投资者名义维护的证券账户贷记的所有证券，证券依照新加坡法成立；(2)投资者承诺 30 日后以约定价格从银行买回相同数量的证券(银行承诺以同等条件出售)。协议包括指定英格兰法的适用法律条款。银行通过在同一中介的证券账户持有所有证券。中介与所有客户(包括投资者和银行)明示约定，账户协议由新加坡法支配。假定新加坡法是适用于全部第 2 条第 1 款事项的公约法。假定《海牙证券公约》在英国生效。在英格兰法院提起诉讼，对回购交易的性质和效力产生争议。按照第 2 条第 1 款第 2 项的规定，根据《海牙证券公约》适用的法律支配处分的法律性质。无论英格兰法院如何看待处分的形式、本质或当事人对处分法律性质的意图，英格兰法院有义务适用新加坡法决定该问题，不得按照英格兰法或者任何其他非新加坡法对回购交易重新定性而得到不同结论(即使英格兰法是支配回购协议的法，同时是法院地法)。

2－20 如上所述，第 2 条第 1 款第 2 项规定，《海牙证券公约》确定的适用法律，支配处分的“法律性质”和“对中介和第三人”的“效力”。这些用语包括以证券处分取得的权利，是否包括无须其他人同意重复使用证券的权利。(该问题同样包括在贷记证券账户的证券创设的权利的“法律性质”和“效力”。)该问题(无须其他人同意重复使用证券的权利)对于下列情况是相同的：交易是否涉及绝对转让所有权或让与担保，对经由中介持有的特定证券的权益的法律性质是财产、合同、混合或其他。几乎所有法律制度都认为，财产或请求权的所有权的特征是有权向第三人转让，或可以为所有人自己目的使用财产或请求，无须在先出让所有权的人的任何同意。但是各国法的区别在于，以担保处分取得的权利，是否允许以及多大程度允许转质押、转抵押或其他重复使用证券。《海牙证券公约》不规定解决该问题的实体法，但决定支配该问题的适用法律。

例 2-8

投资者有证券贷记中介为其维护的证券账户。投资者以贷记证券账户的所有证券为中介设定抵押，担保从中介获得的信用额度。投资者和中介的担保协议没有约定，中介是否有权为中介自己利益出借、转抵押或以其他方式使用、贷记投资者证券账户的质押证券。中介未经投资者同意，将投资者证券账户贷记的所有证券出借给第三方。公约法决定，中介对证券的权益是否包括未经投资者同意重复使用证券的权利。

3. 完善要件

2-21 按照第 1 条第 1 款第 9 项规定，"完善"是"完成任何必要步骤，使处分具有对抗非处分的当事人的效力"。公约法决定处分经由中介持有的证券的完善要件。各国法的完善要件可能不同。尽管各国法对可接受的完善形式和效力规定不一，但完善一般影响决定顺位。它们通常作为反欺诈的途径，作为交易和"确定的日期"的客观证据，同时用于公示交易。一般完善要件包括公开备案、记录、登记、"控制"[在一些国家，不通过在提供担保人的账户借记，而是通过中介承诺关于担保物遵守接受担保人指示，无须提供担保人(账户持有人)的另行同意，即使提供担保人仍有权处分担保物]。

2-22 完成公约法要求的任何完善要件，尽管对于使交易对第三人生效是必要的，但不能确保完善的权益的顺位先于竞合权益。这是第 4 项的规定，也是按照公约法决定，可能赋予某些类型的权益顺位先于在先完善的处分。

4. 顺位问题

2-23 按照该项，公约法决定，两个或更多竞合的证券权益哪个顺位在先。竞合的权益可能是两个绝对权益，两个定限权益(如担保权益)，或者绝对权益和定限权益。第 4 项规定由公约法支配的问题广泛——不仅包括单纯的顺位，而且包括决定的后果——即竞合权益是否共存，一个顺位先于另一个，或一个完全不受另一个影响。完全不受另一个权益影响在两个竞合权益之间相当于使之灭失，如果涉及第三人则不必然使竞合权益灭失。《海牙证券公约》不解决顺位和效力问题,只是规定哪个实体法应支配这些问题的冲突规范。

例 2-9

事实类似例 2-8,但争议是第三人权益的顺位是否先于或不受投资者对中介出借的证券权益的约束。公约法支配这些问题,无论中介是否有权未经投资者同意重复使用证券。

5. 中介对主张竞合权益的人的义务

2-24 该项涉及中介面临对经由中介持有的证券的竞合权益的义务。因此,公约法支配下列事项,例如:(a)遵守按照公约法顺位在先的人的转让指示的中介是否履行义务;(b)如果中介遵守请求权人的指示,即使后来发现其他请求权人的顺位在先,中介是否受到保护;(c)中介是否必须尊重一请求权而忽略另一请求权等。

2-25 公约法决定面临竞合权益的中介的义务,包括下列权益之间的竞合:

(1)账户持有人和对经由中介持有的证券主张竞合权益的人;

(2)账户持有人和对这些证券主张扣押权的人;

(3)连续转让证券的账户持有人的受让人,均对这些证券主张顺位在先。

2-26 按照第 2 条第 1 款第 5 项的规定,《海牙证券公约》确定的适用法律支配是否允许上级扣押,这对现代证券持有系统的安全、可靠和高效运行具有关键意义。主张对贷记证券账户的证券有竞合权益的人,可能试图不仅对账户持有人的中介主张竞合权益,还对账户持有人的中介和基础证券发行人之间的任一其他中介(上级中介)主张竞合权益。按照第 2 条第 1 款第 5 项的规定,《海牙证券公约》确定的适用法律支配是否允许上级扣押,即是否对抗权益人可以对中介主张与中介的账户持有人或与其他人(包括下级中介的账户持有人)竞合的权利。《海牙证券公约》不决定是否允许上级扣押,但决定解决该问题的实体法。确定根据《海牙证券公约》哪个法支配该问题,应注意以下几点:(i)账户持有人和账户持有人的证券账户贷记的证券的发行人之间,通常有多个中介;(ii)《海牙证券公约》对每个账户持有人与他的中介分别适用;(iii)转让证券时,只要证券还贷记在转让人的账户，受让人权利和其他全部第2条第1款事项，仍由按照转让人的证券账户确定的公约法支配，但一旦证券贷记受让人的证券账户，受让人权益和其他所有第2条第1款事项就由按照受让人的证券账户确定的公约法支配（参见例2－2，4－11和4－43及下文评述）；（iv）某一账户持有人的相关中介可能是其他（上级）中介的账户持有人。

例2－10

依照日本法成立的投资者持有证券权益，证券贷记依照菲律宾法成立的中介为其维护的账户。菲律宾中介持有相应证券权益，在依照德国法成立的银行为其维护的证券账户。德国银行持有相应证券权益，在依照纽约法成立的CSD为其维护的证券账户。CSD的名义持有人是持有代表所有证券的单一凭证的记名所有人。投资者的判决债权人试图对CSD提起诉讼，扣押投资者的所谓“间接”权益，即CSD为德国银行维护的证券账户贷记的那部分证券，以实现债权人对投资者的判决。在《海牙证券公约》生效的国家法院提起诉讼，争议是CSD是否有任何义务，将CSD指定人名下登记的这部分证券交付判决债权人，或者判决债权人唯一的救济是，直接对投资者或投资者自己的中介提起诉讼。对于贷记CSD为德国银行维护的证券账户的证券的任何权益，假定公约法是纽约法；对于贷记德国中介为菲律宾中介维护的证券账户的证券的任何权益，假定公约法是德国法。CSD是否有义务将证券交付判决债权人的问题由纽约法支配，因为对于贷记CSD为德国中介维护的证券账户的证券的任何权益，公约法是纽约法。

2－27 尽管第2条第1款第5项主要涉及中介面临账户持有人的扣押债权人的请求权或其他竞合权益的情况，但它也适用于中介被控违反对账户持有人之外的其他请求权人的义务的责任。这时公约法决定的问题有，中介是否对请求人负有义务、是否违反义务以及违反义务对请求人的救济等。

6. 实现

2－28 按照第2条第1款第6项的规定，实现经由中介持有的证券的权益的要件，由公约法支配。例如，提供担保人违约，接受担保人希望出售提供担保人交付的担保物，公约法决定担保权人是否可以出售以及行使出售权的条件。根据适用法律，条件可能包括法院许可出售和/或公开拍卖而禁止私人约定。

7. 对分红、收入、其他分配，或回购、出售或其他收益的权益

2-29 第2条第1款第7项没有扩大“经由中介持有的证券”的意义，以包括经由中介持有的现金。但是公约法支配，处分经由中介持有的证券，是否及于对分红、收入或其他分配，或回购、出售或其他收益的任何权利。例如，投资者以贷记证券账户的1000股证券设立担保权益，公约法决定担保权益是否及于发行人对这些证券支付的分红。第2条第1款第7项包括的项目可能采取多种形式，包括分红、利息、派发股、派发权利、回购债券收益、账户持有人出售证券的收益、证券转为其他证券等。

三、第2条第2款：账户持有人的权益是对中介的合同请求权时，处分证券或证券权益的适用法律

2-30 第2条第2款明确确认，尽管有第2条第3款第1项或第2项的规定，但《海牙证券公约》确定经由中介持有的证券的处分和权益的全部第2条第1款事项的适用法律，即使按照公约法，这些证券贷记证券账户创设的权利被认定为合同性质（参见例2-4至例2-6，2-17评述）。

2-31 第2条第2款的英文和法文文本不一致。英文正确地提到证券的“处分”和“权益”，法文只提到处分（证券或证券权益）。第2条第2款的历史和目的清楚表明英文正确，法文必须如此解读。

四、第2条第3款第1项和第2项：受制于第2条第2款规定，《海牙证券公约》不支配账户协议或处分的当事人之间纯粹合同或其他纯粹对人权利的适用法律

2-32 关于第2条第1款规定的事项，《海牙证券公约》决定的法律支配，证券贷记证券账户创设的权利以及处分经由中介持有的证券的法律性质，和针对中介和第三人的法律效力。第2条第3款第1项和第2项受制于第

2条第2款,重申对于第2条第1款事项之外的其他事项,《海牙证券公约》不决定账户协议或处分的当事人之间纯粹合同或其他纯粹对人的权利义务的适用法律。例如,《海牙证券公约》不决定账户持有人和中介之间的下列事项(账户协议通常约定,但不一定)的适用法律:中介维护证券账户和任何贷记的证券的注意义务标准;账户账单的内容和频率;为保证中介同日实施指令,账户持有人发出指令的强制的最后期限;为账户持有人维护的证券的损失风险(如计算机故障)(第2条第3款第1项)。类似地,《海牙证券公约》不支配处分证券的下列事项的适用法律,如处分证券的数量、种类、价款、付款后必须转让证券的日期、有合同义务付款或交付证券的当事人未履行的后果(第2条第3款第2项)。

2-33 账户持有人与其中介之间的这些合同权利在《海牙证券公约》第2条第1款事项之外,适用法律不受《海牙证券公约》支配,而由法院地其他冲突规范支配。这些规范一般允许账户协议、担保协议、其他处分协议当事人选择适用法律,支配协议项下的合同权利义务。下文讨论的第4条第1款,规定第2条第1款事项的适用法律,明确承认账户协议的当事人选择支配第2条第1款事项的法律有效,不要求其他事项的适用法律也适用同样选择(或者是否有选择),如上述纯粹合同或纯粹对人权利。同样,《海牙证券公约》任何条款都不排除处分协议的当事人选择处分协议的其他相关事项的适用法律。这类法律选择不影响公约法适用于第2条第1款事项。

例2-11

客户C有证券贷记中介为其维护的证券账户。C将证券转让给第三人T,T是同一中介的客户。C和中介明示约定:(i)中介维护证券账户和贷记证券账户的任何证券的作为和不作为的责任,限于故意不当行为或重大过失;(ii)中介向客户寄送账单的内容和时间;(iii)客户发出保证当日实施指令的最后时间;(iv)谁承担多种情况下为客户持有的证券损失的风险。同样,C和T明示约定:(i)处分证券的数量和种类;(ii)为证券支付的价款;(iii)付款后必须转让证券的日期;(iv)有合同义务付款或交付证券的当事人不履行的后果。之后在《海牙证券公约》生效的鲁里坦尼亚提起诉讼,争议是

《海牙证券公约》是否决定任何这些协议的解释和效力的适用法律。《海牙证券公约》不支配任何这些事项的适用法律，因为这些事项都不属于证券相关的任何第2条第1款事项。但是这些事项属于第2条第3款第1项和第2项，其适用法律由法院地《海牙证券公约》之外的冲突规范支配。

五、第2条第3款第3项

2-34 《海牙证券公约》不决定证券发行人、发行人的登记人或转让代理人的权利义务的适用法律，无论证券是直接持有还是经由中介持有的证券（参见例2-1和例2-2）。这个排除包括证券发行人关于全部公司行动的相关义务，包括投票权、分红权、登记权，以及发行人定义的完全清偿短期债券、长期债券或其他债权证券的步骤。

例2-12

按照英格兰法成立的公司发行证券，由单一凭证代表所有证券，该凭证登记在CSD的名义持有人名下。如果发行人发生证券发行条款或独立契约规定的违约事件时，CSD的账户持有人可直接对发行人行使证券项下的发行人的付款义务。发行人关于证券违约，即使在违约时账户持有人有权直接对发行人行使证券权利，证券仍被认为是经由中介持有的证券。因此，《海牙证券公约》决定适用法律，支配证券权益或处分证券的相关第2条第1款事项。在任何情况下，《海牙证券公约》不决定证券项下发行人权利义务的适用法律。

2-35 应当指出《海牙证券公约》不影响证券发行和交易的相关监管规则。

第3条 国际性

本公约适用于所有涉及在不同国家法律之间进行选择的情形。

一、简介

3-1 第3条确保,《海牙证券公约》在经由中介持有的证券以任何方式涉及一个以上国家("国际性")的任何场合都适用。任何涉外因素都导致《海牙证券公约》适用,关于第2条第1款事项本应适用的任何国内法的冲突规范因此被《海牙证券公约》的普遍适用的冲突规范取代;这能确保应适用的冲突规范和应适用的实体法制度的法律确定性和可预见性。

3-2 第3条反映的《海牙证券公约》广泛适用的目的,自《海牙证券公约》程序之初即一直没有争议。

3-3 第3条没有将《海牙证券公约》适用基于具体、预设、清晰界定的因素,或者定义特定时间点必须符合的"国际性"。当事人和法院以此判断事实是否具有"国际性",决定是否适用《海牙证券公约》。第3条采用宽泛描述的方法,只陈述《海牙证券公约》适用于在"涉及在不同国家法律之间选择"的所有场合。因此,除非完全不存在涉外因素(例如,交易涉及的人或受交易影响的人的所在"地"或这些人的行为"地",证券所在"地"或发行人所在"地",存在适用法律条款或任何其他"适用法律"的因素或要素),只要可能涉及决定两个或更多法律制度哪个适用,《海牙证券公约》都适用。如果确无须要选择法律的因素,只有法院是"外国"因素的事实本身,不得导致在更多法律制度之间的选择。最重要的是第6条提到的在决定适用法律时不予考虑的因素,仍然与考虑中的情形是否有第3条意义上的涉外因素相关。第3条只有不依赖所有缔约国对第3条的一致解释,而是宣告《海牙证券公约》的广泛适用不得被(错误)解释第3条用语加以规避,才能使交易当事人和受影响的第三人享有《海牙证券公约》要实现的适用法律的法律确定性和可预见性。

3-4 《海牙证券公约》的适用不要求法院或任何其他国家的国际私法规范存在“法律冲突”。因此,法院可能认为涉外因素在个案中是非实质性的,不影响《海牙证券公约》适用。例如,X 和 Y 对证券有顺位争议,证券由按照英格兰法成立的 Z 发行,I 通过在 B 的账户持有证券,先后为 X 和 Y 设立担保,B、I、X、Y 都在西班牙,发行人与顺位无关的事实不排除导致《海牙证券公约》适用的涉外因素。第 3 条文本不以“国际性”作为《海牙证券公约》适用的先决条件,“国际性”只是作为第 3 条标题提示读者该条的一般内容。《海牙证券公约》文本有意选择不用“国际性”,使用“国际性”可能导致排除很多《海牙证券公约》旨在包括的案件。如下所述,很多初看是纯“国内”的情况也适用《海牙证券公约》。

3-5 提到“在不同国家法律之间进行选择”,不是指《海牙证券公约》只适用于缔约当事人“选择”(即“约定”的意义)他们协议的适用法律(无论是账户协议、处分协议还是任何其他协议的情形),也不是指必须进行或符合法院传统国际私法冲突规范分析。“选择”的表述是指确定第 2 条第 1 款事项适用的法律,因为经由中介持有的证券的情形,有以任何方式涉及不同国家的因素,因此导致确定可能适用的法律问题。任何可能导致适用不同国家法律的情况,都导致《海牙证券公约》适用,结果是根据《海牙证券公约》冲突规范确定适用法律。

二、《海牙证券公约》适用性的说明

3-6 《海牙证券公约》适用于经由中介持有的证券,以任何方式涉及一个以上国家的所有场合。“涉外”因素可以源于当事人、法律选择条款或任何其他因素。

3-7 例如,可能出现关于下列任何人的非穷尽的涉外因素:

· 账户持有人;

· 处分证券或证券账户的任何当事人,或对证券或证券账户有利益的人;

· 相关中介;或

·发行人（参见3–8和例3–2）。

任何这些人的营业地、成立地、惯常居所或住所在不同国家，或任何这些人与经由中介持有的证券有关的活动地点在不同国家，则《海牙证券公约》适用。

例3–1

账户持有人是巴西有惯常居所的个人，在按照巴西法成立的中介开立证券账户。贷记证券账户的证券，全部由按照巴西法成立的发行人或巴西政府发行。账户协议明示约定由巴西法支配，未明示约定其他法支配全部第2条第1款事项。订立适用法律协议时，中介在圣保罗有合格营业所（第4条第1款第二句）。之后，账户持有人以证券账户和贷记证券账户的所有证券，为按照墨西哥法成立的银行设立担保权益。在《海牙证券公约》生效的国家法院提起诉讼（无论是巴西、墨西哥或其他地方），争议是担保权益是否完善。《海牙证券公约》适用，因为争议涉及经由中介持有的证券，并涉及一个以上国家（巴西、墨西哥）。产生了第3条所说的需要"在不同国家法律之间进行选择"的情形。因此，按照第3条的规定，《海牙证券公约》适用。

例3–1表明不仅担保权人的所在"地"、交易受让人的所在"地"可以导致"涉外"因素，而且表明更广泛的一点：即使证券账户开立和贷记证券完全在巴西国内，在当时似乎不存在"涉外"因素，也不排除《海牙证券公约》由于向墨西哥银行的处分而适用。

3–8 《海牙证券公约》适用的涉外因素可能有下列情况：贷记证券账户的证券的任何发行人、相关中介持有证券经由的任何中介、证券处分交易所涉任何其他中介（参见例3–2）。提到发行人和上级中介不得误解为，以"看穿"各级中介的方法确定冲突规范或适用《海牙证券公约》（关于为冲突法目的、坚决明确抛弃"看穿"原则的理由，参见概述–33及下文评述，特别是概述–38）；提到发行人和各级中介只是表明，即使这些人对依《海牙证券公约》确定适用法律没有意义，仍有可能导致《海牙证券公约》适用（可能构成与一个以上国家有联系的因素）。

例 3－2

按照挪威法成立的账户持有人在中介开立证券账户，中介同样按照挪威法成立。贷记证券账户的证券的发行人，分别按照挪威法、芬兰法、瑞典法成立。账户协议明示约定由挪威法支配，未明示约定其他法律支配全部第 2 条第 1 款事项。订立适用法律协议时，中介通过在奥斯陆的营业所从事维护账户的业务。之后，账户持有人以证券账户和贷记证券账户的所有证券，为按照挪威法成立的银行设立担保权益。在《海牙证券公约》生效的国家法院提起诉讼，争议是担保权益是否完善。《海牙证券公约》适用，因为争议涉及经由中介持有的证券，并涉及一个以上国家（挪威、芬兰、瑞典）。产生了第 3 条所说的“在不同国家法律之间进行选择”的情形。因此，按照第 3 条的规定，《海牙证券公约》适用。

例 3－2 表明，即使微不足道的涉及外国的因素也足以导致《海牙证券公约》适用（如很小一部分证券不是挪威发行人发行），即使其他多数事实集中在一个国家。很明显，如果《海牙证券公约》是否适用取决于非挪威发行人发行的证券的数量，不仅是武断的，之后还将导致对事实的深入考察，不利于实现《海牙证券公约》追求的确定性。

3－9 与其他国家有关的因素不限于人的所在“地”或行为“地”。其他因素，例如，账户持有人和中介约定适用法律，指定其他国家法律或（其他）多单元国家的领土单元的法律，也可能导致《海牙证券公约》适用（参见下文例 3－3），无论是否符合合格营业所条件（参见第 4 条第 1 款第二句）。

例 3－3

按照罗马尼亚法成立的账户持有人在中介开立证券账户，中介同样按照罗马尼亚法成立。贷记证券账户的所有证券的发行人按照罗马尼亚法成立。账户协议明示由约定英格兰法支配，未明示约定其他国家法律支配全部第 2 条第 1 款事项。订立适用法律协议时，中介在（英格兰）伦敦有合格营业所（第 4 条第 1 款第二句）。之后，账户持有人以证券账户和贷记证券账户的所有证券，为按照罗马尼亚法成立的银行设立担保权益。在《海牙证券公约》生效的国家法院提起诉讼，争议是担保权益是否完善。《海牙证券公约》适用,因为争议涉及经由中介持有的证券,并涉及一个以上国家(罗马尼亚、英格兰)。产生了第3条所说的“在不同国家法律之间进行选择”的情形。因此,按照第3条的规定,《海牙证券公约》适用。

例3-3明确“所有因素与一个国家有关,但是按照第4条第1款的规定,账户协议约定的法律是其他国家法律或(其他)多单元国家的领土单元的法律”(参见《外交会议工作文件第19号》第3条第2款),《海牙证券公约》仍适用。

3-10 外交会议明确讨论,在这种情况下(例3-3),“欺诈法律”(“fraude à la loi”“fraus legis”)原则或类似原则(如英格兰法的“善意”原则)是否可能相关,并导致因当事人选择而适用的《海牙证券公约》被替代。明确一致认为,此类协议不得视为欺诈情况,因此不得以“欺诈”论被排除。否则《海牙证券公约》生效的国家法院,可依“欺诈法律”原则排除《海牙证券公约》适用,适用本国冲突规范,即使《海牙证券公约》被该国作为普遍冲突规范取代本国冲突规范。另外,这种决定会侵蚀当事人声明的共同意志。《海牙证券公约》考虑并支持这种意思自治。另外,当事人约定适用法律的可能欺诈(指定适用法律按照《海牙证券公约》的后果),通过第4条第1款的合格营业所要求加以防范(参见4-7)。另外,在任何情况下,账户持有人和中介之间的欺诈不得影响无过错第三人。适用“欺诈法律”原则会损害第三人对《海牙证券公约》的信赖。

三、适用性——时间

3-11 《海牙证券公约》适用(与《海牙证券公约》生效不同)可能在任何时间开始。第3条确保在时间上,《海牙证券公约》不受诉讼、特定的证券处分或证券贷记账户的时间影响。特定交易后发生的事件(如对抗请求权人嗣后取得权利)也会导致《海牙证券公约》适用。因此,谨慎的交易当事人应总是考虑,是否还可能因本交易情形之外的其他事件,《海牙证券公约》当时已适用或嗣后适用。谨慎行事也支持第3条应予以最广泛的解释的原则(因为《海牙证券公约》适用对任何人都不应是意外)。

3-12 第3条英文文本所说的"场合"不限于司法程序。"场合"不应理解为"案件",而是"情形"(参见第3条法语文本)。《海牙证券公约》主要目的是为交易当事人提供事先确定性,因此,《海牙证券公约》对司法程序之外(之内)的适用法律分析都适用("需要被考虑"的意义)。

四、多单元国家内部不同领土单元之间的冲突

3-13 多数其他现代海牙公约㉓和其他国际条约㉔都规定,对于仅有内部两个或更多领土单元的冲突或国家与内部一个或更多领土单元的冲突的情况,多单元国家没有义务适用公约。人们认为《海牙证券公约》没有必要包括这种条款。第3条规定《海牙证券公约》在涉及"不同国家"法律时适用,明确《海牙证券公约》不适用于纯国内冲突。更重要的是,现代间接持有模式的特征和《海牙证券公约》第3条确保的广泛适用(包括特定交易后产生与其他国家的联系),导致很少有纯国内的情况产生。《海牙证券公约》绝不妨碍作为纯粹国内法事项多单元国家对冲突适用《海牙证券公约》,即使冲突仅发生在内部两个或更多领土单元之间,或国家本身与内部一个或更多领土单元之间。

3-14 第12条("为多单元国家确定适用法律")没有将《海牙证券公约》适用范围扩大到多单元国家的内部法律冲突("一国内部两个或更多领土单元或国家与内部一个或更多领土单元,关于第2条第1款规定的任何事项,有自身的法律规则";参见1-28关于第1条第1款第13项的评述)。应该说,第12条的前提是《海牙证券公约》按照第3条适用,即存在不同国家的法律之间的冲突,规定了《海牙证券公约》对多单元国家适用的解释和实体规则(参见第12条评述)。

㉓ 如1978年3月14日《代理的适用法律公约》第20条、1986年12月22日《关于国际货物买卖合同的适用法律的海牙公约》第20条、1989年8月1日《死者遗产继承的适用法律公约》第21条及2000年1月13日《成人国际保护公约》第44条。

㉔ 参见1980年《关于合同债务的适用法律的罗马公约》第19条第2款及1994年《国际合同的适用法律的美洲国家间公约》第24条。

第二章 适用法律

第4条 主要规则

一、本公约第2条第1款规定的全部事项的适用法律，为账户协议明示约定的支配账户协议的法律所属国家的生效法律，或如果账户协议明示约定，其他法律适用于全部这些事项，为该其他法律。根据本条款指定的法律，仅在约定时相关中介在该国有营业所时适用，营业所——

（一）独立或与在该国或其他国家的相关中介的其他营业所，或其他为相关中介行为的人共同——

i）实施或监督证券账户的簿记；

ii）管理经由中介持有的证券的相关付款或公司行动；

iii）其他从事维护证券账户的业务或其他惯常活动；或

（二）通过账户编号、银行编码或其他具体识别方式视为在该国维护证券账户。

二、为第1款第1项目的，根据下列规定，营业所不从事维护证券账户的业务或其他惯常活动——

（一）仅因为是支持证券账户的簿记或数据处理的技术的所在地；

（二）仅因为是与账户持有人交流的呼叫中心的地点或运营的所在地；

（三）仅因为是组织证券账户文件邮寄或存放文件或档案的所在地；或

（四）只从事与开立或维护证券账户的那些职能之外的代表职能或管理职能，且无权以任何方式约束性地决定是否订立任何账户协议。

三、关于账户持有人为中介利益向特定中介处分通过该中介持有的特定证券，无论中介在本人内部记录维护本人作为账户持有人的证券账户，为本公约目的——

（一）该中介是相关中介；

（二）账户持有人与该中介的账户协议是相关账户协议；

（三）为第5条第2款和第3款目的，证券账户是处分前最后贷记证券的证券账户。

一、简介

4-1 第4条规定确定第2条第1款规定事项（第2条第1款事项）的适用法律的主要冲突规范，即账户协议明示约定的支配账户协议的法律所属国家（或多单元国家领土单元）的生效法律，或者账户协议明示约定支配全部第2条第1款事项的特定国家（或多单元国家领土单元）的法律。如果账户协议明示约定，特定国家的法律支配全部第2条第1款事项，则该法支配这些问题，无论账户协议是否约定支配账户协议自身的法律。但《海牙证券公约》主要规则仅在约定（约定适用法律）时，相关中介在被选国家有营业所（"合格营业所"）。（a）独立或与其他营业所或第三人（无论地点）从事维护证券账户（不必是特定的争议账户）的业务或其他惯常活动，无论是否以第4条第1款第1项或第2项规定形式或其他形式，或者（b）由账户编号、银行编码或其他具体识别方式视为在被选国家维护证券账户。第4条第2款包括的职能清单，单独都不得视为第4条第1款第3项规定条件要求的职能。如果第4条无法确定适用法律，适用第5条某一备用规则确定适用法律。第6条规定按照《海牙证券公约》确定适用法律时，不得考虑的因素的清单。

4-2 第4条确定公约法，无论账户持有人对证券的权益定性为财产、合同、混合、其他性质，或账户持有人是否有权直接对发行人行使证券权利。

4-3 允许协议当事人决定第三人权利和竞合请求权人顺位的适用法律，在许多法域背离财产权及其处分适用物之所在地的传统冲突规范。但是，将为有体动产设计的概念适用于无形财产，效果已证明是可疑的，需要给本质没有实体存在的资产拟制地点。另外，鉴于无形财产的拟制地点按其性质有所不同——特别是无形财产是债权、记名证券或不记名证券——物之所在地法原则（具体对于证券来说是证券凭证所在地）不是一个统一的概念，因此应抛弃这个原则，而采用直接的规则。试图给经由中介持有的证券虚拟地点，已被证实并不令人满意。对于直接持有的记名证券，通常适用的规则是，发行人成立地或发行人维护其证券登记册所在地，对于直接持有的不记名证券，则是代表证券的凭证的所在地。但是这些规则适用于投资者经由中介维护的账户持有的证券时，会导致法律不确定性、不必要成本和严重实际困难。特别是单个证券账户中的证券，由根据不同国家法律成立的多个发行人发行，或代表凭证在多个国家，可能在每个发行人和最终投资者之间有多级中介。即使最初支持将物之所在地法原则适用于经由中介持有的证券的人，也未能提出可以确定特定证券账户的所在地，并能可靠适用于所有或多数国家的标准。

4-4 物之所在地法方法的困境，导致提议采用“相关中介所在地之方法”，即账户持有人的直接——或相关——中介为账户持有人维护证券账户所在地的法，初看似乎是更为实际的连结点。但《海牙证券公约》谈判过程中逐渐明显的是，《海牙证券公约》要超越最初的相关中介所在地原则的表述。确定中介的相关所在地非常困难。因为在现代全球交易中，维护证券账户的多种活动往往分散在不同国家的营业所，变动频繁，业务外包非常普遍，且日益电子化。例如，投资者在 A 国签订账户协议，该账户可能由 B 国控制，中介的电子记录可能集中在 C 国（参见概述-41 及下文、4-24 至 4-26）。

4-5 鉴于物之所在地法和相关中介所在地之方法的最初表述存在的问题，我们决定超越相关中介所在地原则的最初表述。通过以下两种途径实现：(i) 抛弃给中介或证券账户拟制“所在地”的方法，赋予账户持有人和中介之间的适用法律协议直接效力；并且 (ii) 增加“合格营业所”要求。这一方法有下列优势：一是提供确定性，法院地的现行冲突规范可能在各法域不同，会导致不可预见性和挑选法院的可能性，即导致原告挑选对自己最有利的法律适用的冲突规范所属国的法院。二是将关于特定证券账户的全部第2条第1款事项指向同一适用法律,避免对同一证券账户的同一交易的不同部分或关联的系列交易适用不同法律。有意取得贷记证券账户证券的担保权益的当事人,如果认为有必要,可在任何时间要求提供账户协议和账户现状信息。《海牙证券公约》超越相关中介所在地原则的最初表述,在冲突规范中保留相关中介的概念,抛弃任何物之所在地法或“看穿方法”或任何“超级相关中介所在地之方法”(参见4-11、4-43及下文)。

4-6 主要规则的基础是账户持有人和中介的关系,避免任何定位(事实上或拟制的)证券账户、维护证券账户的营业所、基础证券或基础证券发行人记录的尝试。它也不关注证券账户的账户持有人或其他当事人的居所地、成立地、一般营业地、账户协议订立地、关于证券账户或证券的其他行为地。同样无关的是,法院地或任何其他法的实体规则认为,账户持有人有权越过自己的中介对上级中介或发行人直接主张权利。主要规则允许证券协议当事人,[25]在账户协议中选择贷记证券账户的证券的全部第2条第1款事项的适用法律。这反映一个政策性决定,即制定能降低风险、促进资本形成和投资、反映现行和可预见的市场实践、实际高效的冲突规范,允许市场参与者预先确定,关于经由中介持有的证券的全部第2条第1款事项的适用法律,尽量为最多情形和交易提供事先法律确定性和可预见性。

4-7 但是外交会议认识到,不同代表团提出,关切允许账户协议的当事人选择第2条第1款事项的适用法律的绝对自由。通过一个条款解决这些关切,即如果在订立适用法律协议时,中介在被选择的法律所属国家没有“合格营业所”,则选择法律无效。参见4-21及下文。

4-8 为防止法院适用传统概念,如发行人成立地、经由中介持有的证券的凭证所在地等,第6条列出确定公约法时,不予考虑的这些和其他因素。

4-9 如果适用法律无法根据第4条确定,因为当事人明示选择适用法律,但不满足“合格营业所”条件,或当事人协议中未明示选择法律,或从未订立账

㉕ 《海牙证券公约》考虑的是双方当事人的协议,即使在处分交易中——账户持有人处分贷记证券账户的证券,处分的效力由账户协议的当事人选择的适用的公约法(或者当事人未选择时,按照第5条规定的备用规则)支配,处分交易的当事人不得通过选择法律条款,使处分的效力受其他法支配。公约法不仅支配账户持有人和其中介的关系,而且支配账户持有人的任何处分证券的效力(参见第2条评述)。

户协议(参见5-7),则适用第5条备用规则,确定全部第2条第1款事项的适用法律。备用规则的安排有先后顺序。第一备用规则规定,如果书面账户协议明示无歧义地声明,相关中介通过特定营业所订立账户协议,则适用法律是订立账户协议时该营业所所在国的生效法律,前提是该营业所是合格营业所(关于合格营业所的要求,参见4-21及下文;关于第一备用规则,参见5-4及下文)。第一备用规则要求的相关中介,与第4条第1款要求的相关中介不同,可能导致不符合第4条第1款合格营业所的规定,但符合第5条第1款合格营业所规定的情形。如果账户协议不是书面形式、没有这种陈述,或营业所不是合格营业所,则适用第二备用规则,即在订立账户协议时,中介作为法人或其他组织的成立依据的法律的地点的生效法律;如果没有书面协议时,则是证券账户开立时(参见5-7及下文)。如果该中间备用规则不适用,由于中介在订立协议时不是法人或其他形式的组织,则适用最后备用规则,即书面账户协议订立时的中介营业地,如果中介有一个以上营业地,则是中介主营业地;如果没有书面协议时,则是证券账户开立时(参见5-11)。

4-10 需要指出,按照《海牙证券公约》确定的适用法律适用于全部第2条第1款事项。因此,不得某些问题由一个法律支配,其他问题由不同的法律支配。当事人不得选择,只支配部分第2条第1款事项的适用法律,其他问题由第5条备用规则约束。这种条款无效,导致适用明示支配账户协议的法律。如果没有有效地明示选择这种法律,或选择无效,则适用第5条相关备用规则。

4-11 《海牙证券公约》的冲突规范对每个账户协议单独适用(换言之,对每个账户持有人与相关中介之间的关系单独适用)。因此,账户持有人和发行人之间或处分证券的账户持有人和对手方之间存在中介链条时,对于账户持有人和发行人之间或处分证券的账户持有人和对手方之间的所有中介维护的全部证券账户,全部第2条第1款事项的适用法律并不是唯一的,如发行人成立地。这种结果会违背作为《海牙证券公约》基础的基本原则,即适用法律的基础是,特定账户持有人与相关中介之间的关系(特定证券账户以及证券贷记该账户创设的权利)(参见概述-30、概述-31)。第4条和第5条适用于证券处分,通过从一个证券账户到另一证券账户的转让实施,包括通过中介链条的证券处分,在4-43及下文有详细讨论和有用的案例说明。

4－12 第4条第3款规定，关于账户持有人为中介利益处分经由中介持有的证券时的解释规则(参见4－41和4－42)。

4－13 第4条和第5条必须与第7条(修改账户协议导致适用法律变更时的权利保护)、第12条(为多单元国家确定适用法律)、第16条(前公约账户协议及证券账户)结合起来解读。参见这些条款的评述。

二、主要规则：第4条第1款第一句

4－14 主要规则在第4条第1款第一句，规定如下，限制条件是第2句的合格营业所(参见4－21及下文)：

(1)如果账户持有人与相关中介明示约定，特定国家的法律支配其账户协议，该法将支配第2条第1款事项(例4－1)，除非当事人另外明示约定，另一国家的法律明示支配全部第2条第1款事项，则该法适用；

(2)如果当事人未明示约定支配账户协议的法律，而约定特定国家的法律支配全部第2条第1款事项，则该法支配这些事项。

4－15 第4条第1款(和第5条)采用“生效法律”，没有采用“的法律”，以包括在多单元国家领土单元，相关的法律包括该领土单元的法，以及在该领土单元适用的该国家的法(按照该领土单元法或该国法)。[26]

4－16 如果当事人约定适用法律仅支配第2条第1款事项中的一项或部分事项，选择不具有按照第4条第1款确定适用法律的效力。在这种情况下，如果当事人同时明示约定，支配账户协议的一般适用法律，且假定符合合格营业所条件，则他们明示选择的支配账户协议的法律，按照第4条第1款确定适用法律(例4－2)；如果不符合合格营业所条件，则适用第5条相关备用规则确定适用法律。

4－17 第4条第1款规定，第2条第1款事项的适用法律，必须基于当事人账户

[26] 关于主要规则对多单元国家的适用，参见第12条评述；第12条第2款第1项明确“多单元国家领土单元的生效法律”的意义，在《海牙证券公约》多个条款使用(参见12－12和12－13)。

协议的明示约定。在任何情况下,选择支配第2条第1款事项的适用法律的意思,不得从账户协议的条款整体或相关事实推定(参见例4-7)。[27] 因为人们认为,允许法院推定当事人的非明示选择,可能降低第4条和第5条建立的冲突规范体系的确定性。对于同一账户协议的第2条第1款事项之外的事项,即《海牙证券公约》范围之外的事项(参见第2条评述,特别是2-4至2-8),仍可有效推定默示选择的适用法律。但是第2条第1款事项由按照第5条备用规则确定的适用法律支配,不受当事人可能默示选择的任何其他法律支配。

4-18 法律选择必须明示作为账户协议的部分。账户协议可能不仅一个文件。账户协议一般条款条件中的明示法律选择条款,足以符合第4条第1款。第4条第1款不要求账户协议为书面;《海牙证券公约》没有一条要求书面形式,除了第5条。因此,口头明示选择法律有效。[28] 只要选择法律本身是明示的,其他术语仅是默示推定这个事实无关紧要。符合合格营业所要求的时间,以及修改账户协议以变更、单列或重申适用法律协议的效力参见4-27讨论。

例4-1

中介与客户订立账户协议,账户协议明示约定新加坡法支配账户协议,未明示约定其他法支配全部第2条第1款事项。订立适用法律协议时,中介通过新加坡的营业所,从事第4条第1款第1项第3目列出的维护证券账户业务。之后,客户以证券账户和贷记该账户的所有证券设定担保权益。担保权人按照新加坡法完善担保权益。之后,在《海牙证券公约》生效的国家提起诉讼,争议是担保权益是否完善。按照第4条第1款的规定,新加坡支配第2条第1款事项,包括完善争议,因为新加坡是明示约定的账户协议的适用法律,

---

[27] 与第16条第4款不同,该条款适用的有限场合,赋予当事人关于维护证券账户的所在地的约定,以《海牙证券公约》效力,即使当事人的意思是根据账户协议的条款,或账户协议订立时的事实推定的(参见16-20和16-21)。第16条规则是为了解释未明示提到《海牙证券公约》的前公约账户协议,不影响后公约协议或明示提到《海牙证券公约》的前公约协议中的用语的意义和效力(参见第16条第2款),没有理由或政策要求或支持相反的结论。

[28] 《海牙证券公约》认为口头选择法律的条款有效,即使任何国际私法或实体法的书面或其他形式要求会使之无效。

> 未约定其他法律全部第2条第1款事项,且在订立适用法律协议时,新加坡的营业所是合格营业所(参见4-21及下文)。即使有可能,也没有必要考察证券账户在任何时间是否由中介在新加坡的营业所维护;这一事实无关紧要。

> **例4-2**
>
> 事实与例4-1相同,除账户协议约定意大利法支配完善,但不支配全部第2条第1款事项,担保权人按照意大利法完善担保权益。第4条第1款不承认约定意大利法的效力,因为未约定支配全部第2条第1款事项。按照第4条第1款的规定,新加坡法支配全部第2条第1款事项,包括完善争议,因为新加坡是明示约定的支配账户协议的法律,选择意大利法支配完善争议无效,且在订立适用法律协议时,新加坡营业所是合格营业所。

4-19 适用法律协议是否因缺乏合意而不存在(如由于一般适用的合同法原则当事人缺乏缔约能力)由法院地《海牙证券公约》之外的冲突规范支配。如果按照适用的实体法,不存在合意,则事实上没有第4条第1款意义上的协议,适用第5条相关备用规则。如果有当事人合意的协议,只有按照第11条的规定,才可适用实体法规则,否定协议的法律效力。

4-20 尽管全部第2条第1款事项必须由同一法律支配,但账户协议的当事人可以选择不同的适用法律,支配同一中介维护的不同证券账户,通过开立多个账户或子账户,由各自的法律支配,条件是都符合合格营业所的条件。

三、合格营业所要求:第4条第1款第二句及第4条第2款

(一)简介

1. 条件总结

4-21 第4条第1款第一句和第5条第一备用规则项下,当事人协议选择适用法律的效力,受到第4条第1款第二句规定的合格营业所限制。要求在

订立适用法律协议时(对于第5条第1款,是在首次订立账户协议时),相关中介有符合规定条件的营业所。不符合合格营业所要求的后果,取决于选择的性质:

(1)如果当事人协议选择账户协议的适用法律,但未选择其他法律支配全部第2条第1款事项,那么若选择不符合合格营业所条件,则有必要借助第5条备用规则。

(2)相反情况的结果相同,即如果当事人未协议选择支配账户协议的法律,但选择支配全部第2条第1款事项的法律,选择不符合合格营业所条件,结果相同。

(3)如果当事人选择一法律支配账户协议,选择另一法律支配全部第2条第1款事项,后者不符合合格营业所条件,前者符合合格营业所条件,则适用法律是当事人选择的账户协议的适用法律。因为第4条第1款第一句的前提是,假定选择其他法支配第2条第1款事项是有效的选择。㉙

4-22 在订立适用法律协议时,必须满足两项独立的条件,以符合第4条第1款要求的合格营业所:

(1)相关中介必须在当事人明示约定的法律所属的国家,有第1条第1款第10项定义的营业所(参见1-22及下文)。㉚

(2)该营业所必须独立或与相关中介其他营业所或为中介活动的第三人:

(a)从事维护证券账户的业务或其他惯常活动,无论是否履行第4条第1款第1项或第2项规定的一项职能或其他职能;或

(b)通过一些具体识别方式视为在争议国家维护证券账户。

4-23 需要指出,第4条第1款的合格营业所要求,在任何方面不涉及相关中

㉙ 相反,选择支配全部第2条第1款事项的法律,符合合格营业所条件,但选择支配账户协议的法律不符合合格营业所条件,当然也没有问题,因为即使假设后一选择符合合格营业所条件,也应赋予前一选择效力。

㉚ 关于合格营业所要求对多单元国家的适用,参见第12条评述。

介维护的特定账户或特定账户持有人。只要营业所在被选国家从事维护证券账户的业务或其他惯常活动,或者被一些具体识别机制视为在被选国家维护证券账户,即为合格营业所,即使产生争议的特定账户持有人的证券账户,由在其他国家的营业所维护(假定可以确定维护特定证券账户的地点)。

例 4-3

中介与客户订立账户协议。账户协议明示约定阿根廷法支配账户协议,未明示约定其他法支配全部第 2 条第 1 款事项。订立适用法律协议时,中介在布宜诺斯艾利斯有营业所。按照第 4 条第 1 款第 2 项的规定,编码系统将布宜诺斯艾利斯的营业所视为在阿根廷维护证券账户。之后,客户以证券账户和贷记账户的所有证券设定担保权益。担保权人按照阿根廷法完善担保权益。之后,在《海牙证券公约》生效的国家提起诉讼,争议是担保权益是否完善。按照第 4 条第 1 款的规定,阿根廷法支配第 2 条第 1 款事项,包括完善争议,因为阿根廷法是当事人明示约定的账户协议的适用法律,未约定其他法支配全部第 2 条第 1 款事项,且在订立适用法律协议时,布宜诺斯艾利斯的营业所是合格营业所。即使有可能,也没有必要考察,该证券账户在任何时间是否由中介在布宜诺斯艾利斯营业所维护,或者布宜诺斯艾利斯营业所是否从事过维护证券账户业务;这些事实无关紧要。

例 4-4

按照巴拿马法成立的中介与客户订立账户协议。账户协议明示约定纽约法支配账户协议,未明示约定其他法支配全部第 2 条第 1 款事项。订立适用法律协议时,中介在美国任何地点无营业所。之后,客户以证券账户和贷记账户的所有证券设定担保权益。之后,在《海牙证券公约》生效的国家提起诉讼,争议是担保权益是否完善。选择纽约法的条款不产生按照第 4 条第 1 款确定适用法律的效力,因为在订立适用法律协议时,中介在美国无合格营业所。因此,应按照第 5 条确定适用法律。本例适用第 5 条,中介成立地是相关的。

例 4-5

中介与客户订立账户协议。账户协议明示约定葡萄牙法支配账户协议，并明示约定意大利法支配全部第2条第1款事项。订立适用法律协议时，中介在里斯本有营业所，并从事证券账户簿记的实施或监督，符合第4条第1款第1项第1目的规定；中介在意大利无营业所。之后，客户以证券账户和贷记账户的所有证券设定担保权益。担保权人按照葡萄牙法完善担保权益。之后，在《海牙证券公约》生效的国家提起诉讼，争议是担保权益是否完善。按照第4条第1款的规定，葡萄牙法支配全部第2条第1款事项，包括完善争议。因为在协议选择意大利法为全部第2条第1款事项的适用法律时，中介在意大利无合格营业所，该协议没有依据第4条第1款确定适用法律的效力。其也没有排除选择葡萄牙法的效力（不排除一般适用法律协议按照主要规则产生确定适用法律的效力）。选择葡萄牙法的协议符合条件，因为在订立适用法律协议时，中介在葡萄牙有合格营业所。选择意大利法的协议，按照主要规则未确定适用法律，不导致第5条适用。因为按照第4条第1款的规定，一般适用法律条款如果符合合格营业所条件，只能被明示选择其他法律支配全部第2条第1款事项的协议，且符合合格营业所条件的选择所排除。即使有可能，也没有必要考察该证券账户在任何时间是否由中介在里斯本的营业所维护；这一事实无关紧要。

4-24 当今市场日益普遍的是，单一证券账户的维护和客户服务操作，分散在不同地域的多个营业所或外包第三方。例如，假定按照纽约州法成立的中介与客户约定，在东京维护客户的证券账户，因为东京是最初开户地，且是证券首次贷记证券账户的地方。但中介从都柏林的营业所给客户寄送所有账户记录。客户接收中国香港特别行政区营业所管理并分配的分红，获得中介新加坡主营业所附近的营业所提供的账户实况建议。中介关于证券账户的所有操作（包括实施簿记），由新德里和圣弗朗西斯科营业所分别运行的电脑系统支持监督。最后，客户在多次环游世界途中，通常用笔记本获得相关证券账户的信息。

4-25 在这种情况下，如果标准是特定证券账户所在地或维护证券账户的营业所所在地，不会实现确定性，同时此标准会导致诉讼中法院对事实的深入考察。对潜在接受担保人的风险和负担显而易见。

4-26 缔约中也考虑了采用税收、监管报告或会计规则，确定证券账户所在地或维护证券账户的营业所所在地的可能，鉴于在一些国家，中介可能被要求为每个证券账户分配编码，事实上是为税收、监管报告或会计目的将账户分配给每个营业所。该方法后来因一些原因被否认。第一，这些税收、监管报告和会计规则并不统一，也不常见，可能是例外而非普遍。某些国家对中介资产负债表显示的资产和债务有全面的会计规则，但是很多国家对不显示在中介资产负债表的证券账户没有此类规则。第二，会计、监管和税收规则的基本考虑，与全球证券托管、清算和结算的考虑完全无关。因此，按照证券账户为税收、监管报告或会计规则目的被分配到某个中介营业所，为无关的业务确定适用法律，是武断的。特别是鉴于现实中日益常见的是，在多地的一个以上的营业所或外包第三方，承担证券账户的维护和服务的部分或全部业务。

例 4-6

中介与客户订立账户协议。账户协议明示约定，秘鲁法支配全部第 2 条第 1 款事项，但账户将在布宜诺斯艾利斯维护，中介在布宜诺斯艾利斯有营业所。账户协议未明示约定支配账户协议的法律。订立适用法律协议时，中介在利马有营业所。没有将利马营业所视为维护证券账户的营业所的具体方式。利马营业所不独立从事第 4 条第 1 款第 1 项第 1 目或第 2 目规定的职能，也不从事第 4 条第 1 款第 1 项第 3 目列出的等同于维护证券账户的职能。但是，利马营业所从事的职能，与中介外包给位于其他地方（不必在秘鲁）的第三人提供的维护证券账户的部分职能，共同构成第 4 条第 1 款第 1 项第 3 目规定的等同于维护证券账户的业务。之后，客户以证券账户和贷记账户的所有证券设定担保权益。担保权人按照秘鲁法完善担保权益。之后，在《海牙证券公约》生效的国家提起诉讼，争议是担保权益是否完善。按照第 4 条第 1 款的规定，秘鲁法支配第 2 条第 1 款事项，包括完善争议，因为秘鲁法是明示约定的支配全部第 2 条第 1 款事项的法律，且在订立适用法律协议时，利马营业所是合格营业所。该证券账户在任何时间是否由利马营业所维护无关紧要。即使有可能，也没有必要确定该证券账户在任何时间是否由中介在利马的营业所维护;这一事实无关紧要。当事人约定的维护证券账户的地点(布宜诺斯艾利斯)同样无关。

例 4-7

在伦敦有营业所的中介,与总部在伦敦的英国公司,在伦敦订立账户协议。协议约定,协议经由中介的伦敦营业所订立,账户将在伦敦营业所维护,关于账户的通知和其他文件将在伦敦总部的地址送达给公司。协议没有任何法律选择条款。账户后来贷记为公司买入的多种证券,证券发行人成立地在法国、德国和意大利。之后公司将法国发行人发行的证券质押给法国银行,质押协议在法国订立,产生质押是否完善的争议。尽管事实可能足以认定,中介和英国公司默示约定英格兰法支配账户协议,但第 4 条第 1 款不适用,因为没有明示约定适用法律,因此,该问题按照第 5 条第 1 款的适用法律确定,在本案中结果一致,即适用英格兰法。

2. 时间因素

4-27 满足第 4 条第 1 款第二句规定条件、存在合格营业所的时间,是在订立明示适用法律协议时。如果当时不存在合格营业所,按照第 4 条第 1 款的规定适用法律协议无效,即使之后营业所成为合格营业所。相反,如果订立适用法律协议时营业所是合格营业所,之后营业所不再是合格营业所甚至关闭,不影响选择适用法律按照第 4 条第 1 款的效力。但是,账户协议一旦修改,通过变更适用法律,或其他修改协议并单列和明示重申之前的适用法律条款,必须重新适用合格营业所标准。重新适用合格营业所标准,可能导致之前不合格的营业所成为合格营业所;或者相反,不再符合合格营业所条件,因为可能现在所选法律所属国,是中介在该国无合格营业所的国家。在两种情况下,修改效力只自修改之时起生效。每次账户协议修改(如修改费率表)不自动重启(或重新考察)第 4 条;只有在修改是变更适用法律,或其他修改协议并单列和明示重申在先的适用法律条款时,才重新适用第 4 条。也参见第 7 条评述。

4-28 在几乎所有情况下,适用法律协议自始是账户协议的部分,因此适用法律协议与账户协议同时订立,并作为账户协议的部分。尽管可能发生当事人订立账户协议时,没有订立适用法律条款,之后希望弥补疏漏,当事人可能之后约定适用法律,则选择成为账户协议一部分。或者当事人最初约定的适用法律条款指定 X 国法,之后修改账户协议条款指定 Y 国法为适用法律。在这些情况下,合格营业所标准需要重新适用,考虑修改(现在的适用以修改时为标准),如果这时符合合格营业所标准,则选择法律或选择其他法律有效。在涉及第 7 条关于账户协议某些修改的效力时,应注意这一规则。

4-29 第 4 条第 1 款关于合格营业所条件的时间规则,与第 5 条第 1 款备用规则的合格营业所条件的时间规则不同。第 5 条规则的关键是,书面账户协议中明示无歧义的陈述(关于中介通过"特定营业所"订立协议),不是存在适用法律协议。因此,按照第 5 条第 1 款的规定,尽管关于存在合格营业所的实质条件,与第 4 条第 1 款一致,符合第 5 条第 1 款条件的相关时间是"当时",即首次订立书面账户协议时(非订立明示的适用法律协议时)。

例 4-8

中介与客户订立账户协议。账户协议明示约定英格兰法支配账户协议,并明示约定,意大利法支配全部第 2 条第 1 款事项。订立适用法律协议时,中介在米兰有营业所,在此从事第 4 条第 1 款第 1 项第 2 目规定的管理证券的相关付款和公司行动。之后,客户以证券账户和贷记账户的所有证券设定担保权益。担保权人按照意大利法完善担保权益。之后,中介将证券账户的全部相关职能转移至都柏林营业所。米兰营业所之后不再履行证券账户的相关职能。之后,在《海牙证券公约》生效的国家提起诉讼,争议是担保权益是否完善。按照第 4 条第 1 款的规定,意大利法支配全部第 2 条第 1 款事项,包括完善争议。因为证券协议明示约定,意大利法支配全部第 2 条第 1 款事项。即使在诉讼时,米兰营业所不再是合格营业所,但在订立适用法律协议时,米兰营业所是合格营业所。相关账户不在米兰营业所维护的事实无关紧要。即使有可能,也没有必要考察,该证券账户在任何时间是否由中介在米兰营业所维护;这一事实无关紧要。

3. 营业所

4－30 这在第1条第1款第10项有定义(参见1－22及下文)。

4. 合格活动

4－31 按照第4条第1款第1项的规定,营业所必须是下列之一:

(i)实施或监督证券账户的簿记;

(ii)管理经由中介持有的证券的相关付款或其他公司行动;

(iii)其他从事维护证券账户的业务或其他惯常活动。

4－32 如果营业所的实际活动仅从事一项第4条第2款事项(参见4－40),不符合最后一类活动。第4条第2款列出的活动清单,单独从事不足以使营业所构成,符合第4条第1款第1项第3目意义上的、从事维护证券账户的业务或惯常活动。清单也包括仅从事代表职能或管理职能,且无权作出是否订立任何账户协议的任何约束性决定,除非职能是关于开户或维护证券账户。清单还包括仅从事支持记账或数据处理的技术(如计算机)的地点;呼叫中心所在地;组织邮寄证券账户的相关文件所在地;文件或档案所在地。列出的任何活动都不导致营业所成为不合格营业所;清单只是设立最低标准——单独从事其中一项不使营业所构成第4条第1款第1项第3目意义上的维护证券账户业务。很明显,第4条第2款不适用于第4条第1款第1项第1目或第2目,符合其中一目则符合合格营业所标准,可为当事人提供安全港。

4－33 如果第4条第1款第1项第1目或第2目不适用,营业所仅从事第4条第2款列出的任何一项活动,不依第4条第1款第1项第3目构成合格营业所。在任何情况下,如果根据第4条第1款第2项的规定,营业所按照账户编号、银行编码或其他具体识别方式被视为在选择的法律所属国家维护证券账户,则该营业所可能符合合格营业所要求。

(二)详细条文

1. 第4条第1款第1项

4－34 成为第4条第1款第1项规定的合格营业所,营业所只需要从事三项职能中的一项。另外,营业所仅需要从事特定职能的部分方面。起草第4条第1款时考虑到在当今市场环境中,所列各职能的不同方面分散在不同地点的多个营业所或外包第三方(参见4-24及下文)。这些其他营业所或第三方不需要在指定的国家。

4-35 第4条第1款第1项第1目列出了三项活动中的第一项:实施或监督证券账户的簿记。

4-36 列出的第二项职能是管理经由中介持有的证券的相关付款和公司行动。术语"公司行动",描述中介为账户持有人从事的与发行人有关的各种活动,如支付现金分红和其他现金分配、配股、分红股、股本重整、转发代理投票,以及履行其他职能如行使投票权、分红再投资、证券转让等。

4-37 列出的第三项职能仅在不履行前两项职能时有关,是剩余类型,即"其他从事维护证券账户的业务或其他惯常活动"。举一些这一剩余类型的例子(非穷尽),为将在其他地点维护的证券账户订立账户协议;为这些账户提供咨询、执行指令服务;接收买入和处分证券指令在这些账户贷记或借记。第4条第1款第1项第3目有意设置得广泛,旨在开放以包括维护证券账户活动的新型表现。

2. 第4条第1款第2项

4-38 第4条第1款第2项规定,符合合格营业所标准的另一方式。如果——按照任何具体识别方式(包括账户编号或银行编码)——认定为在当事人约定国家维护证券账户,不考察相关中介是否通过某个(或任何其他)营业所从事的职能,营业所是合格营业所。账户编号或银行编码不是必要识别方式,甚至不是推荐方式。识别营业所的任何具体方式都足以符合。《海牙证券公约》不限制设立识别方式的形式,也不要求限于相关中介设立的识别方式。例如,监管机构可能设立这种识别方式。与要求履行职能的另一标准相同,该标准不以任何方式涉及特定证券账户或特定证券。

3. 第4条第2款

4-39 第4条第2款列出,营业所单独从事的活动本身,不构成第4条第1款第1项第3目项下的合格营业所的三类活动。第一,已经讨论过的账户记录的技术支持。第二,从事与账户持有人交流的呼叫中心所在地或运营的营业所。第三,营业所的职能是组织证券账户文件邮寄,或存放文件档案。另外,如果营业所仅从事与开立或维护证券账户无关的纯粹代表职能或管理职能,且无权作出任何约束性决定是否订立账户协议,则不是合格营业所。代表处是外国公司或其他法律实体为促进该公司或法律实体而设立的开拓市场或提供信息的机构,但都无独立法律存在(与分支机构不同),也无权独立订立协议或约束性决定是否订立这种协议。代表处本身不是合格营业所;从事与开户或维护证券账户无关的纯粹管理职能的营业所也不是合格营业所,如人力资源管理。

4-40 从事一项或全部活动本身,不使营业所构成合格营业所,但从事这些活动不导致营业所成为不合格营业所,各项活动辅以其他因素,可能足以使营业所构成合格营业所,如果营业所的原本地位不明确。

四、第4条第3款

4-41 第4条第3款的效力是,“相关中介”的定义不仅适用于持有账户,向第三人处分证券,还适用于账户持有人向中介本身处分证券,无论中介是否在自己内部记录、维护自己作为账户持有人的证券账户。第4条第3款旨在澄清:第一,尽管为中介利益的转让,事实上是向中介自己的处分,但中介的客户是相关账户持有人。第二,要求转让证券必须在中介自己的中介记录中有簿记匹配,但确定相关中介和相关账户时不予考虑。例如,中介不在自己记录中为自己持有账户,而是在自己(上级)中介的记录、维护独立的自有证券账户和客户证券账户(某些法律制度的要求,以保护账户持有人),中介接受一个账户持有人担保,实施转让从上级中介处的客户总账到上级中介处的中介的所有(自有)账户。尽管全部证券贷记通过上级中介的账户作出,该下级中介也是《海牙证券公约》意义上的相关中介;该中介和授予中介担保的账户持有人之间的账户协议,是相关账户协议;第5条第二备用规则和第三备用规则意义上的证券账户,是在质押或所有权转让之前最近的时刻、下级中介维护的证券账户。这是符合逻辑的,因为质押或转让的标的是,账户持有人通过自己中介(下级中介)持有的证券权益,不是在上级中介记录的证券账户。但对于第4条第3款,处分记录在上级中介维护的账户这一事实,可能导致认定上级中介是相关中介、上级中介维护的账户是相关账户的结论。

例 4－9

投资者有证券贷记，不列颠银行在伦敦的营业所为其维护证券账户。账户协议明示约定英格兰法支配账户协议，未明示约定其他法支配全部第 2 条第 1 款事项。不列颠银行在位于巴黎的法国存管机构的总账户的证券持有相应头寸，依据的账户协议明示约定适用法律为法国法。投资者将证券转让给不列颠银行，担保保证金贷款。法国存管机构的记录没有会计簿记。之后，在《海牙证券公约》生效的国家提起诉讼，争议是转让是否完善。按照第 4 条第 3 款第 1 项的规定，为适用第 4 条第 1 款目的，不列颠银行是相关中介，相关账户协议是投资者和不列颠银行之间的协议。不列颠银行通过法国存管持有头寸无关。因此，按照第 4 条第 1 款的规定，英格兰法支配全部第 2 条第 1 款事项，包括完善争议。

例 4－10

事实与上例一致，除了不列颠银行不维护"自有基金"账户，以记录账户持有人为不列颠银行利益的处分。不同的是，中介实施交易，通过将证券从法国存管处的客户总账中转入法国存管机构的自有账户。之后，在《海牙证券公约》生效的国家提起诉讼，法院面对的争议是，账户持有人为自己的中介利益的转让是否完善。尽管所有权转让仅反映在法国存管机构为不列颠银行维护的账户，但不列颠银行是相关中介，投资者是相关账户持有人，投资者在不列颠银行的账户是相关账户。因此，如例 4－9，英格兰法支配完善要件。

例 4－11

投资者 A 有证券贷记中介 I 为其维护的证券账户。投资者 A 将证券转让给中介 I 作为借款担保。转让最初只记录在中介 I 自己的记录，之后反映在中介 I 在自己中介的客户总账到中介 I 在自己中介的自有账户的转让。之后的转让不导致中介 I 不再是相关中介，或投资者 A 与中介 I 之间的账户协议不再是相关账户协议。

4-42 “交易之前的最近时刻”旨在确保,适用第5条第2款或第3款的备用规则所指的账户,是处分之前最后贷记证券的证券账户,不是由于处分而贷记证券的账户。

五、从一个证券账户到另一证券账户的转让,包括经过中介链条的转让

4-43 第4条和第5条对每个证券账户(换言之,每个账户持有人与相关中介之间的关系)单独适用。这一原则明确体现在第2条、第4条和第5条的明确用语中,以及术语“经由中介持有的证券”和“相关中介”的定义(参见1-17、1-18对第1条第1款第7项的评述)。第6条第4款进一步强调按照《海牙证券公约》确定适用法律时,不考虑相关中介之外的中介所在地。因此,如果账户持有人和发行人之间存在中介链条,对于账户持有人和发行人之间的中介维护的全部证券账户,全部第2条第1款事项并不适用同一法律。同样,对于通过从一个证券账户到另一个证券账户的转让实施的证券处分,包括经过中介链条的转让,对每一证券账户单独适用第4条和第5条,可能且往往导致对于每个证券账户的第2条第1款事项适用不同法律。《海牙证券公约》抛弃“超级相关证券中介所在地”,即适用同一法律,支配账户持有人和发行人之间的每个中介的每个证券账户,或处分证券通过中介链条转让时涉及的每个证券账户。另外,即使在简单的同一中介维护的一个证券账户到另一个证券账户的转让实施的证券处分,也可能(即使实践中少见)存在每个账户协议适用不同法律,因此导致第一个账户与第二个账户的第2条第1款事项适用不同法律。

4-44 下面各例说明,对每一证券账户独立适用《海牙证券公约》,可能导致对不同组合的当事人各自的权利,分别适用不同法律的情形。假定各账户协议符合合格营业所标准。4-45及下文对各例考察评论。

例4-12

A将证券处分给B,B立即转让给C,但B未付款给A。这些处分通过A、B之间的中介链条和B、C之间的另一中介链条、维护的证券账户的一系列借记和贷记实施,包括在A的中介为A维护的账户借记证券,在Y的中介为Y维护的账户贷记证券。A的账户协议

明示由鲁里坦尼亚法支配，C的账户协议明示由乌托邦法支配，Y与Y的中介的账户协议明示由西尔瓦尼亚法支配。账户协议都未约定其他法律支配全部第2条第1款事项。假定按照第4条第1款的规定，根据C的账户确定的公约法（乌托邦法），C取得贷记C的账户的证券，不受所有对抗请求权（包括A的）约束，而按照根据A的账户确定的公约法（鲁里坦尼亚法），在A的账户借记证券应撤销，因为B未对证券付款。

例4－13

事实与例4－12一致，除按照第4条第1款根据C的账户确定的公约法（乌托邦法），C不能取得大于Y（或A、B或A和C之间的链条中Y之外的任何其他中介）根据Y（或其他这些人）的账户确定的公约法能转让的任何证券权利（对于Y是西尔瓦尼亚法）。

例4－14

事实与例4－12一致，除了证券贷记Y的账户，Y未贷记C的账户。

例4－15

A进行不当双重转让，将A的账户贷记的全部证券质押给B——采用的方式不赋予B对A的账户的排他控制权——之后将相同证券转让给C。转让通过A、C之间的中介链条维护的证券账户的一系列借记和贷记实施，包括在A的中介为A维护的账户借记证券，在C的中介为C维护的账户贷记证券。A的账户协议明示由鲁里坦尼亚法支配，C的账户协议明示由乌托邦法支配，Y与Y的中介的账户协议明示由西尔瓦尼亚法支配。账户协议都未约定其他法律支配全部第2条第1款事项。假定根据C的账户确定的公约法（乌托邦法），C取得的权利不受B的权利约束，而按照根据A的账户确定的公约法（鲁里坦尼亚法），在A的账户借记证券应撤销，由于B的权益，或A对C的转让导致C取得的权益受制于B的权益。

例 4-16

事实与例 4-15 一致，除了按照根据 C 的账户确定的公约法（乌托邦法），C 不能取得大于 Y（或 A 或 A 和 C 之间的链条中 Y 之外的任何其他中介）根据 Y（或其他这些人）的账户确定的公约法能转让的权利的任何证券权利（对于 Y 是西尔瓦尼亚法）。

例 4-17

事实与例 4-15 一致，除了证券贷记 Y 的账户，Y 未贷记 C 的账户。

例 4-18

A 持有对 100 股 Z 公司股票的权益，贷记 A 的中介（X）为 A 维护的证券账户。X 未经 A 指令，将 100 股 Z 公司股票在 A 的账户借记，以处分给 B 公司 200 股 Z 公司股票。B 善意受让 200 股股票，不知晓 X 的欺诈行为。处分通过 A、B 之间的中介链条维护的证券账户的一系列借记和贷记实施，包括在 A 的账户欺诈地借记 100 股 Z 公司股票，在 B 的中介（Y）为 B 维护的账户贷记 200 股 Z 公司股票。A 的账户协议明示由鲁里坦尼亚法支配，B 的账户协议明示由乌托邦法支配。账户协议都未约定其他法律支配全部第 2 条第 1 款事项。假定按照第 4 条第 1 款根据 B 的账户确定的公约法（乌托邦法），B 取得 200 股 Z 公司股票，不受所有对抗请求权（包括 A 的）约束，而按照根据 A 的账户确定的公约法（鲁里坦尼亚法），由于 X 的欺诈，在 A 的账户借记证券应撤销。

4-45 每个例子产生的问题是，支配不同组合的人的各自权利的适用法律是哪国法律。这些问题不需要规定特殊的《海牙证券公约》规则，因为适当适用一般规则可以正确解决，对每个证券账户单独适用《海牙证券公约》，即特定贷记特定证券账户的证券，赋予每个人的权利由根据该账户确定的公约法支配。一般规则适用，无论账户持有人的权利是否可以针对中介，或直接针对发行人行使（参见 4-50 进一步评述）。因此，例 4-12 中的问题——一旦证券贷记 C 的账户，C 是否取得权利且不受所有对抗请求权约束(包括 A 的)——受根据该账户确定的公约法支配,即乌托邦法。因为鲁里坦尼亚法是根据 A 的账户确定的公约法,认为证券借记 A 的账户应该撤销,A 可能按照鲁里坦尼亚法,继续对其中介享有权利;这些权利可能是财产、合同、混合或其他性质。但是鲁里坦尼亚法的这种效力不影响 C 是否取得贷记 C 的账户的证券,且不受所有对抗请求权约束(包括 A 的);该问题由根据 C 的账户确定的公约法排他支配。该法(乌托邦法)实体规定可能规定,C 取得权利不受所有对抗请求权约束(如例 4-12),或者规定 C 只能取得 Y(或 A、B 或 A 和 C 之间的链条中 Y 之外的任何其他中介)及根据 Y 的账户(或其他这些人的账户)确定的公约法能转让的权利(例 4-13)。但两个例子中,排他适用的法律都是根据 C 的账户确定的公约法,即为 C 的利益贷记证券的账户。在例 4-14 中,证券在 A 的证券账户借记,通过 A、B 之间的中介链条维护的证券账户的一系列借记和贷记转让,包括在 Y 的账户贷记证券,但未在 C 的账户贷记证券。关于证券贷记 Y 的账户是否赋予 C 任何权利,由根据 Y 的账户确定的公约法支配。即使 C 按照该法(西尔瓦尼亚法)不是所有人,但按照该法,C 可能有权强制 Y 将证券贷记 C 的证券账户,基于 C 与 Y 的账户协议的合同条款。另外,C 在根据 C 的账户确定的公约法(乌托邦法)项下,可能发现对 Y 权利的独立渊源。即乌托邦法可能赋予 C 权利,无论 Y 是否事实上已将证券贷记 C 的证券账户;和/或可能赋予 C 权利强制 Y 将证券贷记 C 的证券账户,基于与 Y 的账户协议的合同条款。另外,C 可能享有约束 Y 的任何其他法律赋予的权利。

4-46 类似地,例 4-15、例 4-16 的问题——C 取得证券是否受制于 B 的担保权益,是否顺位先于 B 的担保权益,或者不受制于所有对抗请求权——的适用法律是按照 C 的账户确定的公约法(乌托邦法)。在例 4-15 中,C 取得的权益不受 B 的权益的约束。即使 B 可能继续对 A 的中介和该中介的财产有权利,因为按照根据 A 的账户确定的公约法(鲁里坦尼亚法),证券借记 A 的账户应撤销,B 的担保权益仍有效,这不影响 C 取得权益是否受制于 B 的担保权益,C 的顺位先于 B 的担保权益,或者 C 取得的权益不受制于所有对抗请求权(包括 A 的)——该问题由按照 C 的账户确定的公约法(乌托邦法)排他支配。因此,不可能发生的情形是,C 取得对贷记 C 的账户的证券的权益,该权益按照乌托邦法不受制于任何竞合权益，但同时可能面临的是，按乌托邦法或任何其他法成功主张的B或任何其他人的权益对C的权益的质疑。适用法律可能规定，C取得不受制于所有对抗请求权的权益（例4－15），或者C只能取得Y（或A或A和C之间的链条中Y之外的任何其他中介）按照Y的账户（或其他这些人的账户）确定的公约法项下能转让的权利（如例4－16）。但在两种情况下，该争议由按照C的账户确定的公约法排他支配，该账户是为C利益贷记证券的账户。在例4－17中，分析与上文4－45对例4－14的分析一致。

4－47 类似地，例4－18的问题——一旦Z公司股票贷记B的账户，B是否取得贷记B的账户的全部200股Z公司股票，不受制于所有对抗请求权（包括A的）——由按照B的账户确定的公约法即乌托邦法支配。因为鲁里坦尼亚法即按照A的账户确定的公约法，在A的账户借记的100股Z公司股票视为可撤销，A可能按照鲁里坦尼亚法继续享有针对X及其财产的权利，该权利是财产、合同、混合或其他性质的。但是鲁里坦尼亚法的这种处理，不影响B是否取得200股Z公司股票，且不受制于所有对抗请求权（包括A的请求权）；该问题由按照B的账户确定的公约法排他支配。即使鲁里坦尼亚法认为X的行为构成欺诈。即使鉴于中介系统的性质，不太可能发生A发现B的存在并对B主张请求权的情况，因为A"所有"的100股股票已贷记B的账户，这个例子说明《海牙证券公约》规则在这种情况下仍适用。

4－48 在简单（但不常见）的情况下，A和C的账户由同一中介维护，但账户协议分别由指定不同的法律支配（例4－12和例4－15的变形），中介按照乌托邦法有义务在C的账户贷记证券，按照鲁里坦尼亚法应撤销在A的账户的借记。两个证券账户都没有任何转移风险。依照适用的监管法或财产法或合同义务，中介可能应从公开市场额外取得额外证券，保证有足够证券匹配在A和C的账户贷记证券，或向账户持有人之一支付证券价值的金钱以代替证券本身。在更为复杂（但更为现实）的情况下，两个账户协议由不同法律支配，但账户由不同的中介维护，A和C的账户之间存在中介链条，A的中介或C的中介，或A和C之间的其他中介可能承担双倍责任（向C转让证券不免除对A的持续责任），如果与相关账户持有人的账户协议没有条款，向该账户持有人转移这种双重责任风险,或向该中介的全部账户持有人分摊双重责任风险。

4-49 需要指出,中介的双重责任在经由中介链条实现的跨境证券转让中一直存在,从事跨境证券转让的中介对此有充分认识,并非《海牙证券公约》导致。按照现行冲突规范,不同国家法律可能且经常支配第2条第1款事项的类似事项,关于按照不同国家法律成立的发行人发行的、贷记单一证券账户或通过在不同国家的中介的链条维护的证券账户转让的证券。因此,从事跨境证券转让的知情中介,一般与具体账户持有人在账户协议中约定风险转移,或由账户持有人群体分摊,或刻意决定自行承担并管理风险。《海牙证券公约》不力图消灭风险,而是通过明确每个证券账户全部第2条第1款事项的适用法律,便于中介识别、转移、管理该风险。

4-50 还要强调,该分析也适用于按照中介维护的证券账户确定的公约法,认为中介维护账户仅仅作为记录保管人,证券贷记这些账户在账户持有人和发行人(或中介的中介)之间建立直接的关系。按照受让人账户确定的公约法,支配受让人是否取得对贷记受让人账户的证券的权益,不受所有对抗请求权的约束。按照该法(或任何其他法)的实体规定,受让人视为直接从发行人持有证券,与《海牙证券公约》适用无关(参见概述-19及下文)。

4-51 如例4-13所示,如果按照C的账户确定的公约法(乌托邦法),C不能取得大于Y(或A、B或A和C之间的链条中Y之外的任何其他中介)能转让的权利,顺位问题仍由乌托邦法支配。如果乌托邦法指向按照Y(或其他这些人)的账户确定的公约法,支配Y(或其他这些人)能转让的权利,即C所能取得的权利。不是因为《海牙证券公约》规定按照Y(或其他这些人)的账户确定的公约法支配顺位问题,而是按照C的账户确定的公约法(乌托邦法)的实体内容,实际规定西尔瓦尼亚法(或其他这些法)支配Y(或其他这些人)所能转让的权利。

第5条 备用规则

一、如果第4条无法确定适用法律,但书面账户协议明示无歧义地声明相关中介通过特定营业所订立协议,第2条第1款全部事项的适用法律是当时该营业所所在的国家或多单元国家领土单元的生效法律,条件是当时该营业所符合第4条第1款第二句规定条件。确定账户协议是否明示无歧义地声明相关中介通过特定营业所订立账户协议时,不考虑下列因素——

(一)应当或可以对相关中介在该营业所送达通知或其他文件的条款;

(二)应当或可以针对相关中介提起诉讼的特定国家或特定的多单元国家领土单元的条款;

(三)相关中介应当或可以在该营业所提供任何账单或其他文件的条款;

(四)相关中介应当或可以在该营业所提供任何服务的条款;

(五)相关中介应当或可以在该营业所从事或履行的任何运营或职能的条款。

二、如果第1款无法确定适用法律,适用法律是书面账户协议订立时,或不存在这种协议时是在证券账户开立时,法人中介成立或其他组织的中介成立依据的法律所属的国家或多单元国家领土单元的生效法律;但如果法人中介成立或其他组织的中介成立,依据多单元国家的法律而非该国领土单元的法律,适用法律是书面账户协议订立时,或不存在这种协议时是证券账户开立时,相关中介营业地或(相关中介有一个以上营业地时)主营业地所在的多单元国家该领土单元的生效法律。

三、如果第1款和第2款都无法确定适用法律,应适用的法律是书面账户协议订立时,或不存在账户协议时证券账户开立时,相关中介营业地或主营业地(相关中介有一个以上营业地时)所在的国家或多单元国家领土单元的生效法律。

一、简介

5-1 第5条规定一系列“备用规则”,在《海牙证券公约》的主要规则(第4条第1款)无法确定第2条第1款事项的适用法律时备用。可能发生的情形如下:账户持有人和相关中介未明示约定,支配账户协议的法律或支配全部第2条第1款事项的另一法律;或有约定但指定适用法律不被《海牙证券公约》赋予效力,因为不符合合格营业所条件。第5条的备用规则依次适用。因此,如果第4条无法确定适用法律,第一备用规则是第5条第1款;如果第5条第1款无法确定适用法律,第5条第2款是下一备用规则;如果第5条第2款无法确定适用法律,适用第5条第3款。

5-2 《海牙证券公约》的冲突规范(包括第5条)适用于处分通过从一个证券账户到另一证券账户的转让实施,包括经由中介链条的处分,在4-43及下文有详细例证。

5-3 按照第12条第3款的规定,多单元国家可以声明,效力是如果按照第5条任何备用规则,适用法律是作出声明的多单元国家自身的法或该国一领土单元的法,那么必须适用多单元国家生效的内部法律冲突规范(关于适用第5条时多单元国家的这种内部反致形式,参见12-16及下文)。

二、第一备用规则:第5条第1款

5-4 如果书面账户协议明示无歧义地声明,相关中介通过特定营业所订立该协议,订立账户协议时该营业所所在的国家或所在的国家领土单元的生效法律,是全部第2条第1款事项的适用法律,条件是当时该营业所符合第4条第1款第二句规定的条件(即其是合格营业所)。关于“生效法律”的意义,参见4-15、12-12和12-13。

5-5 第一备用规则仅在下列情况下适用营业所所在地法:

(1)存在书面账户协议;

(2)书面协议明示无歧义地声明,该协议由相关中介通过特定营业所

订立;且

(3)指定的营业所是合格营业所。

"书面"的定义在第1条第1款第14项(参见1-29)。合格营业所的构成已经讨论过(参见4-21及下文)。需要讨论的是,账户协议中明示无歧义地声明协议通过特定营业所订立的要求。

5-6 在任何情况下,第一备用规则排他地依靠账户协议用语,以促进确定性并避免争议。推定或模糊的约定不符合条件。为强调这一点,第5条第1款列出确定协议是否包括必要的明示无歧义的陈述时不予考虑的五个因素,即下列约定:

(a)应当或可以在该营业所对相关中介送达通知或其他文件;

(b)应当或可以针对相关中介提起诉讼的国家或国家领土单元;

(c)相关中介应当或可以在该营业所提供账单或其他文件;

(d)相关中介应当或可以在该营业所提供任何服务;

(e)相关中介应当或可以在该营业所从事或履行的任何运营或职能。

因此,包括任一个或全部这些条款,不足以构成明示无歧义地声明协议通过该营业所订立。

例5-1

按照意大利法成立的中介与客户订立账户协议。账户协议没有法律选择条款,未明示约定特定法律支配全部第2条第1款事项。协议明示无歧义地(在账户协议签字页的单独一段)陈述,中介通过法兰克福营业所订立账户协议。在订立账户协议时,指明的法兰克福营业所是合格营业所。之后账户持有人以贷记账户的证券为贷款人设立担保权益,证券发行人的法人成立地分别在俄罗斯、波兰和卢森堡。之后,在《海牙证券公约》生效的国家提起诉讼,争议是担保权益是否完善。按照第5条第1款的规定,德国法支配全部第2条第1款事项,包括完善争议。中介按照意大利法成立和全部发行人在德国之外的国家成立的事实,是无关紧要的。

三、第二备用规则:第5条第2款

5-7 第二备用规则考察账户协议订立时,或不存在书面账户协议或账户协议时是证券账户开立时,法人中介成立或其他组织的中介成立依据的法律所属的国家或所属多单元国家的领土单元。在绝大多数情况下,开立证券账户都有在先的账户协议,即使最初的协议是非正式的。但是并非绝对。在一些情况下,账户持有人和中介的权利,不是约定的而是法定的。例如,北欧国家的中央证券存管机构即使不履行中介职能,也被第1条第4款视为中介;关于本国发行的证券,可能并非总是与账户持有人之间有相关账户协议,其运营按照法律规则规定的当事人的权利义务(参见1-7评述)。在这种情况下,相关时间是开立证券账户时。

5-8 第二备用规则涉及两类中介:按照特定法律成立的"法人",或按照特定法律"以其他形式成立"的组织。法人是有独立于成员的法律人格的组织。"其他形式成立"的组织是非法人组织,尽管没有独立法律人格,但有法律地位;因为组织依特定法律规则成立,不仅仅是自然人群体共同从事业务。在一些法域,某些合伙也属于非法人组织。总之,第二备用规则包括法律承认的所有组织形式,无论是否是法人、是否具有独立法律人格。

5-9 第二备用规则的适用范围应该不大。其存在理由是,在第4条第1款和第5条第1款无法确定适用法律时提供确定性。

5-10 第二备用规则还涉及在多单元国家,法人中介或其他组织形式的中介的成立,依照的法律不是多单元国家领土单元的法律,而是该国家的法律(如加拿大有银行依联邦法成立)。对于联邦银行,指向成立地法本身无法确定应适用哪省的法。按照第5条第2款的规定,适用法律是银行营业地或银行主营业地(如果有一个以上营业地)所在省的生效法律。

四、第三备用规则:第5条第3款

5-11 如果前面备用规则都不适用,应适用的法律是书面账户协议订立时,或不存在这种协议的情况下证券账户开立时，相关中介营业地或主营业地（有一个以上营业地）所在的国家或所在的多单元国家领土单元的生效法律。《海牙证券公约》（第 5 条第 2 款或第 3 款）意义上的主营业地是中介的业务管理地，即总部或主要决策机关所在地（通常称为中央管理地）。

五、修改账户协议

5 - 12 一般来说，应适用的第 5 条备用规则所依据的相关因素（书面账户协议声明、成立地或营业地），是指当事人订立书面账户协议时存在的，如果不存在书面账户协议或不存在账户协议则是证券账户开立时存在的。可能出现的情形是，修改账户协议可能导致适用法律的变更（参见 7 - 1 和 4 - 27 及下文评述）。

第 6 条　不予考虑的因素

> 按照本公约确定适用法律时,不得考虑下列因素——
>
> (一)证券发行人作为法人或其他组织的成立地、法定住所地、登记营业所地、中央管理地、营业地、主营业地;
>
> (二)代表或证明证券的凭证所在地;
>
> (三)由发行人维护的或为发行人维护的证券的记名持有人登记册所在地;或
>
> (四)相关中介之外的任何中介的所在地。

6-1 为避免法院对经由中介持有的证券适用针对直接持有证券设计的冲突规范,第 6 条规定,按照《海牙证券公约》确定适用法律时,不得考虑证券发行人法人或其他组织的成立地、法定住所地、登记营业所地、营业地、主营业地、代表或证明证券的凭证所在地、由发行人维护的或为发行人维护的证券记名持有人登记册的所在地。另外,适用第 16 条第 4 款时,确定是否可以从账户协议条款整体或相关事实推定,约定维护证券账户所在的国家,对任何这些因素都不予考虑。所有这些地点是针对直接持有证券的传统连结点,但对于间接持有证券不起作用,《海牙证券公约》只关注相关中介以及中介和账户持有人之间的关系。因此,第 6 条也排除考虑相关中介之外的任何中介的所在地。

6-2 第 6 条与第 4 条和第 5 条,共同反映一个关键的政策决定,即抛弃任何看穿账户持有人的中介至上级中介或发行人,以确定适用法律的冲突方法。因此,即使根据法域的实体法,账户持有人有权对发行人直接行使权利,或以其他方式将账户持有人视为证券的直接所有人,这一事实对于确定《海牙证券公约》适用法律没有影响。

6-3 尽管在确定适用法律时,不予考虑第 6 条列出的因素,但对于确定情形是否有第 3 条意义上的国际因素,第 6 条列出的因素是相关的(参见 3 – 3 评述)。另外,第 6 条与第 16 条是否适用于当事人约定证券账户在特定国家或特定国家领土单元维护的情况无关。

第7条　适用法律变更时的权利保护

> 一、如果修改账户协议以变更根据本公约应适用的法律,本条适用。
>
> 二、本条——
>
> (一)“新法”,是指变更后根据本公约应适用的法;
>
> (二)“旧法”,是指变更前根据本公约应适用的法。
>
> 三、受制于第4款,新法支配全部第2条第1款规定事项。
>
> 四、除了对于同意法律变更的人,旧法继续支配——
>
> (一)法律变更前产生的经由中介持有的证券的权益的成立以及法律变更前处分这些证券的完善。
>
> (二)对于法律变更前产生的经由中介持有的证券的权益——
>
> i)此权益的法律性质和对中介及法律变更前处分这些证券的任何当事人的效力;
>
> ii)此权益的法律性质和对抗法律变更后扣押证券的人的效力;
>
> iii)决定全部第2条第1款规定的事项对抗法律变更后启动的破产程序的破产管理人。
>
> (三)法律变更前产生的权益的当事人之间的顺位。
>
> 五、第4款第3项不排除新法支配按照旧法产生而按照新法完善的权益的顺位。

一、简介

7-1 第7条决定修改账户协议的影响,如果修改账户协议导致的后果是,公约法从按照第4条第1款或第5条确定的国家法或多单元国家领土单元的法(第7条评述中不再重复提到多单元国家领土单元的法),变更为按照第4条第1款确定的另一国法;假定修改账户协议时(“触发修改”),符合第4条第1款第二句规定的合格营业所要求。如果当事人未能选择符合第4条第1款条件的、新的根据《海牙证券公约》应适用的法律,《海牙证券公约》忽略修改(维持现状)。修改不导致第5条第2款或第3款的适用;第5条第1款也不被修改触发适用,因为第5条第1款仅在账户协议最初订立时适用(或最初开立证券账户时),修改不构成第7条意义上的触发修改。另外,证券转让至另一证券账户,导致不同的适用法律,不适用第7条;第7条仅在公约法变更是修改账户协议导致的情况下适用。该原则可能导致第7条在实践中应用相当有限。该原则的后果是,担保权实施由提供担保人的账户转移到接受担保人的账户(贷记接受担保人的账户的证券创设的权益,以及其他全部第2条第1款事项,将由根据接受担保人的账户确定的公约法支配——当然与证券绝对转让给买方相同),不适用第7条。因此,第7条评述中提到的设定担保权,是指不导致证券贷记接受担保人的证券账户的担保权益,现在瑞士等国较常见的方法。最后,修改构成触发修改,只有账户协议修改明示:(i)首次提出或变更适用法律协议,或(ii)单列并明示重申原适用法律协议,订立时不符合合格营业所要求;修改其他问题不符合该标准(不触发对合格营业所的重新考察),即使修改是采取重述整个合同的形式(参见4-27进一步评述)。

7-2 下列事实模式说明第7条适用的情况:

(1)原公约法按照第4条第1款确定;修改适用法律协议;修改导致适用第4条第1款,公约法变更。第7条适用。

(2)原公约法按照第5条确定;修改适用法律协议,通过增加新的明示的适用法律协议;修改导致适用第4条第1款,公约法变更。第7条适用。

(3)原公约法按照第4条或第5条确定;修改适用法律协议,但修改不导致第4条第1款适用的公约法变更。第7条不适用。

总之,第7条仅在触发修改导致适用法律变更的情况适用,即新法按照第4条第1款确定。

7-3 第7条在外交会议之前的草案中没有前身,因为触发修改导致法律变更怎样处理现有权利的问题,仅在外交会议决定选择第4条第1款的(尽管是附条件的)法律选择方法作为主要冲突规范后才产生。

7-4 第7条涉及触发修改按照《海牙证券公约》导致法律变更的问题,即公约法A由于触发修改被公约法B取代。因此,第7条涉及的法律变更是《海牙证券公约》生效后的法律变更。相反,第15条是过渡条款,规定公约法支配《海牙证券公约》在一缔约国生效前后产生的对证券的竞合权益的顺位。因此,第7条和第15条涉及完全不同的事实情况。但只要新法支配(即使有第7条第4款例外)第2条第1款事项,两条就有(唯一的)类似。

7-5 触发修改可以在任何时间发生。账户持有人与中介可以在任何时间变更适用法律,无须第三人同意。因此有必要明确描述法律变更对第三人的影响;第三人一般对触发修改不知情,或者无法有效自保。因此,尽管按照第7条第3款一般适用新法,但第7条第4款对规定的当事人在规定情况下的利益适用旧法。

7-6 第7条第3款规定一般原则——法律变更后的根据《海牙证券公约》应适用的法律(新法),支配修改的账户协议支配的证券账户在变更前后贷记账户的证券的任何权益的全部第2条第1款事项。但是,如果所有相关事件发生在变更之前,则旧法继续支配第7条第4款规定事项,除非同意变更的人提出主张(受制于第7条第5款)。同意变更的人不属于第7条第4款。按照第7条第4款的规定,旧法继续支配,不同意触发修改的人("受保护人")在触发变更之前取得的、贷记证券账户的证券某些权益的规定问题。为受保护人利益,旧法继续支配变更之前产生的权益的成立和变更前处分的完善(第7条第4款第1项)。第7条第4款第2项规定各种情况的类似规则:第2项第1目规定旧法继续支配,权益的法律性质以及对中介和法律变更前处分这些证券的任何当事人的效力。第2项第2目和第2项第3目规定,如果扣押和破产程序启动发生在法律变更后,则旧法继续支配,法律变更前产生的权益对抗扣押债权人,以及对抗破产程序的管理人的全部第2条第1款事项。第3项保留变更前权益之间的顺位仍适用旧法的可能,除非至少一个竞合权益依据旧法产生,但未按旧法完善,而是之后按照新法完善(第7条第5款)。

7-7 总之,第7条第1款规定该条适用范围。第7条第2款定义第7条的主要用语。第7条第3款陈述一般原则——法律变更后按照《海牙证券公约》应适用的法("新法")支配,任何权益的全部第2条第1款事项,关于修改的账户协议支配的证券账户、在变更前后贷记的证券,除非第7条第4款另有规定。第7条第4款规定,除非第7条第5款另有规定,旧法继续支配受保护人在变更之前取得的、对贷记证券账户证券的权益的若干规定问题。受保护人是同意法律变更的人之外的人。第7条第5款规定了第7条第4款第3项在某些顺位问题上的例外。

二、第7条第1款:条款适用范围

7-8 第7条仅在存在触发修改(参见7-1和7-2)时适用。触发修改可以是增加之前并不存在的新的第4条第1款适用法律条款。触发修改可以是取代之前在先的适用法律条款,无论按照第4条第1款是否可能有确定旧法的效力。如果之前没有可以按照第4条第1款确定公约法效力的适用法律协议,那么适用法律最初按照第5条确定,如果导致适用与之前第5条确定的适用法律不同的法律修改,是触发修改(导致按照第4条第1款确定的适用法律)。与第16条第1款规定相同,《海牙证券公约》提到的账户协议,包括《海牙证券公约》在国际上生效(参见第19条第1款)前订立的账户协议,第7条也适用于这些前公约账户协议(参见例16-1总结)。

7-9 第7条适用的前提是:

(a)任何修改之前存在账户协议;

(b)当事人的行为构成修改支配证券账户的账户协议,不是订立支配其他证券账户的新的账户协议;

(c)修改导致,由于适用第4条第1款的法律变更(触发修改,参见例7-1及下文)。

如果所有因素存在,则无论触发修改之前适用法律是按照第4条第1款(无论是否借助第16条解释规则)还是按照第5条第1款确定的,第7条都适用。如果不存在任一这些因素,则第7条不适用。

7-10 第7条不影响按照《海牙证券公约》应适用的法律所属的国家不变，只是该法内容变更的情况(参见例7-2)。这种情况由该国法律的过渡规则规定。

7-11 如果当事人订立新的账户协议，而不是修改现有协议，则构成开立不同的证券账户，因此第7条当然不适用；贷记新的账户的证券全部第2条第1款事项的适用法律，按照应适用的第4条或第5条确定。这不是特定账户的公约法变更，第7条不适用。

7-12 如果适用法律变更，是由于证券从一个证券账户转让到另一个证券账户，每个证券账户由各自的账户协议支配(参见例7-3，以及7-1、4-11、4-43及下文的评述)，那么第7条也不适用。

7-13 第7条也不适用于，原公约法按照第5条第2款或第3款确定，而相关中介法人或其他组织的成立地、营业地或主营业地变更。在这种情况下，甚至没有法律变更，因为其中一个连结点的嗣后变更，不改变第5条第2款或第3款确定的适用法律。

例7-1

按照约旦法成立的中介与客户订立账户协议。账户协议明示约定，英格兰法支配全部第2条第1款事项。在订立适用法律协议时，中介在伦敦有合格营业所。之后，中介和客户修改账户协议，明示约定德国法支配全部第2条第1款事项。但在修改时中介在德国无合格营业所。因为不符合合格营业所条件(第4条第1款第二句)，没有法律变更；修改(无论在其他方面的可能影响)不是触发修改。第7条不适用。英格兰法继续支配第2条第1款事项。

变形：

如果修改协议时中介在德国有合格营业所，修改是触发修改，第7条适用。

例7-2

中介与客户订立账户协议。假定《海牙证券公约》确定鲁里坦尼亚法为公约法。账户持有人以证券账户和贷记账户的所有证券，为担保债权人A设定担保权益。担保债权人A按照鲁里坦尼亚法完善担保权益。之后鲁里坦尼亚修改法律，变更完善担保权益的必要步骤。按照鲁里坦尼亚法的过渡规则，有完善担保权益的担保权人，必须在新法制定后6个月内按照新法的程序完善担保权益，担保权益方为继续完善。担保债权人A未按新法完善。之后账户持有人以证券账户和贷记账户的所有证券，为担保债权人B设定担保权益，担保债权人B按照鲁里坦尼亚新法完善担保权益。第7条不适用，因为法律规则变更不是第7条意义上的法律变更，也不是当事人触发修改的后果。作为适用法律，鲁里坦尼亚法不被其他国家法律（或多单元国家另一法律单元的法律）取代；变更的只是鲁里坦尼亚法的内容。这种变更不导致第7条适用，这种变更的效力不受《海牙证券公约》支配。

例7-3

中介按照德国法成立，在鲁里坦尼亚和乌托邦有合格营业所，与同一客户订立两个独立的账户协议。一个账户协议明示无歧义地约定，中介通过鲁里坦尼亚的营业所订立协议（阿尔法账户协议），另一账户协议以同样方式约定，通过乌托邦的营业所订立协议（贝塔账户协议）。协议都未明示约定，特定法律支配账户协议或全部第2条第1款事项。账户协议分别支配独立的证券账户（分别是阿尔法账户和贝塔账户）。之后，账户持有人以阿尔法证券账户和贷记账户的全部证券，为按照英格兰法成立的银行设定担保权益。接受担保人英格兰银行，按照鲁里坦尼亚法完善担保权益，方式不导致证券贷记银行的证券账户。之后，账户持有人将阿尔法账户全部证券转移至贝塔账户，之后以贝塔证券账户和贷记账户的全部证券，为依法国法成立的贷款人设定担保权益。接受担保的法国贷款人，按照乌托邦法完善担保权益，方式不导致证券贷记法国贷款人的证券账户。支配法国贷款人权利的全部第2条第1款事项的公约法是乌托邦法。第7条不适用于这种情况，因为乌托邦法作为适用法律，不是由于对账户协议的触发修改，而是由于证券从阿尔法账户转让至贝塔账户。

三、第7条第2款:“旧法”和“新法”的定义

7-14 为起草方便,第7条采用术语“旧法”“新法”。第7条第2款定义这些术语。“旧法”是指触发修改之前按照《海牙证券公约》应适用的法。“新法”是由于触发修改导致的按照《海牙证券公约》应适用的另一国法。在不太可能发生的前后多次触发修改的情况下,每次修改“导致”一次“旧法”和“新法”。但是第7条第4款和第5款的保护规则可能适用,即使有“在后”的新法。在连续两次进行触发修改的情况下,导致A、B、C法相继适用,按照A法完善的担保权受第7条第4款保护,例如,在破产程序中,不仅可以对抗变更后的B法,而且可以对抗之后变更后的C法。

四、第7条第3款——一般规则:“新法”的适用

7-15 第7条第3款规定一般规则:“新法”支配全部第2条第1款事项,除非第4款例外之一适用。

例7-4

按照卢森堡法成立的中介与客户订立账户协议。账户协议明示约定,鲁里坦尼亚法支配全部第2条第1款事项。订立适用法律协议时,中介在鲁里坦尼亚有合格营业所。账户持有人以证券账户和贷记账户的全部证券,为按照英格兰法成立的银行设定担保权益。接受担保人英格兰银行,按照鲁里坦尼亚法完善担保权益,方式不导致证券贷记银行的证券账户。之后,中介和账户持有人修改账户协议,明示约定乌托邦法支配全部第2条第1款事项。修改账户协议时,中介在乌托邦有合格营业所。账户持有人以证券账户和贷记账户的全部证券,为按照法国法成立的贷款人设定担保权益。接受担保的贷款人按照乌托邦法完善担保权益,方式不导致证券贷记贷款人的证券账户。之后,在《海牙证券公约》生效的国家提起诉讼,争议是银行的担保权益是否顺位先于贷款人的担保权益。第7条

适用于这种情形,因为卢森堡中介与客户修改账户协议的适用法律条款,修改导致按照《海牙证券公约》确定的第2条第1款事项的适用法律,从鲁里坦尼亚法变更为乌托邦法,且新法(乌托邦法)按照第4条第1款确定。按照第7条第3款一般规则,新法(乌托邦法)支配这些担保权益的顺位;第7条第4款例外都不适用(注意在本例中,其中一项担保权益在法律变更后产生)。新法(乌托邦法)支配顺位问题的事实,不必然代表贷款人的担保权益顺位先于银行的担保权益。问题结果取决于新实体法(乌托邦法)的内容。

五、第7条第4款——例外:"旧法"适用

7-16 第7条第4款规定,旧法继续支配,受保护人在法律变更前取得的贷记证券账户的证券的权益的下列事项,受保护人是同意法律变更的人之外的其他人:

(a)权益是否成立(第7条第4款第1项)。

(b)取得权益的人是否完成使据以取得权益的处分可以有效对抗非处分的当事人的必要步骤(第7条第4款第1项)。

(c)权益的法律性质,以及对相关中介和法律变更前处分这些证券的任何当事人的效力(第7条第4款第2项第1目)。

(d)权益的法律性质,以及对抗法律变更后扣押证券的人的效力(第7条第4款第2项第2目);很明显,旧法支配权益对抗法律变更前扣押的效力。

(e)全部第2条第1款事项,对抗法律变更后启动的破产程序的破产管理人的效力(第7条第4款第2项第3目);限于"对抗破产管理人"的事项避免与之前项目重复。

(f)竞合权益的顺位,其中任何一个或更多权益是变更前产生,但旧法的顺位可能被新法排除。如果权益依据旧法产生但未按照旧法完善,而是之后按照新法完善,则新法适用于权益的顺位(第7条第5款)。

7－17 第7条第4款不适用于法律变更后的证券处分。因此,不保留旧法支配法律变更前取得的证券权益是否顺位先于其他人以法律变更后的处分取得的权益,即使接受处分的人同意法律变更。该问题由新法支配(第7条第3款)。

7－18 第7条第4款开始即明确,该项不保留旧法支配,法律变更前取得的任何证券权益的任何规定的问题,如果取得权益的人同意法律变更。除了账户协议的当事人,第三人可能同意特定法律变更(例如,在法律变更前后,账户持有人或中介获得其同意法律变更的担保权人)。同意即无须保护。因此,按旧法完善但未登记的担保权益的持有人,可能由于同意法律变更,面临法律变更后因未登记导致权益未完善,或法律变更导致排序后于法律变更前取得权益的其他担保权人。对于任何同意的当事人的权益,适用第7条第3款一般规则(新法支配第2条第1款事项),涉及受保护人的竞合权益时第7条第4款适用除外。如果第7条第4款对竞合权益适用,旧法支配第7条第4款规定的相关类型的全部事项,即使与同意法律变更的人的权益竞合(但受制于第7条第5款)。

7－19 第7条第4款第1项规定,法律变更前成立的对经由中介持有的证券的权益,以及变更前完善的处分(参见1－20、1－21对第1条第1款第9项的评述),不受法律变更影响。尽管法律变更前取得的权益的完善地位在法律变更后持续,但由于第7条第4款第3项或第7条第5款的规定,权益持有人可能有必要采取一些行动,以维持顺位先于法律变更前产生的竞合权益。

7－20 第7条第4款第2项规定,具体情况下类似第1项的规则。

7－21 某些国家法律将扣押证券或破产程序启动,视为等同处分或有类似效力的程序,第4款第2项第2目和第3目,避免这些事件被赋予第7条意义上的法律变更后的可能触发新法适用的处分的效力。因此,旧法继续支配"受保护人"在法律变更前取得的证券权益的法律性质和效力,包括其顺位,甚至对抗法律变更后扣押证券的当事人。类似地,旧法继续支配受保护人在法律变更前取得的权益的全部第2条第1款事项,对抗法律变更后启动的破产程序的破产管理人。这意味着破产管理人不得按照新法质疑法律变更前成立或完善的权益是否成立或完善。这些规定确保法律变更前已完善的权益的持有人，与法律变更后扣押债权的人或法律变更后启动的破产程序中的债权人的关系，受旧法支配，即使法律变更。当然与法律变更无关的是，法律变更前完善的权益，可能由于破产法的请求权排序规则或撤销规则，后于其他请求权或被撤销（参见第8条）。

7-22 第7条第4款第3项涉及旧法适用于法律变更前产生的权益的顺位。受保护人在法律变更前产生的权益的顺位由旧法支配，除非第7条第5款适用。第7条第4款第3项的“产生”一词是指已完善的权益，因为顺位问题预设能有效对抗第三人的担保权益。

7-23 新法一般不影响不同意法律变更的人之间的顺位。如果有一些法律变更前产生的担保权益，一些担保权人同意法律变更而另一些不同意，新法的顺位规定只支配同意法律变更的担保权人之间的争议的顺位；旧法的顺位规定继续支配一个或更多同意的当事人与一个或更多未同意的当事人的争议。

例7-5

按照德国法成立的中介与客户订立账户协议，明示约定鲁里坦尼亚法支配全部第2条第1款事项。订立适用法律协议时，中介在鲁里坦尼亚有合格营业所。账户贷记多种证券。之后账户持有人在第一日将全部证券质押给法国银行，第二日质押给英格兰银行，第三日质押给意大利银行。所有银行以相同顺序，依次按照鲁里坦尼亚法完善担保权益，方式不导致证券贷记接受担保的银行的证券账户。之后，德国中介与客户修改账户协议，明示约定乌托邦法支配全部第2条第1款事项。在修改适用法律协议时，中介在乌托邦有合格营业所。法国银行和意大利银行同意修改，英格兰银行未同意。在《海牙证券公约》生效的国家提起诉讼，争议是3家银行之间的顺位问题。一方的英格兰银行与另一方的意大利和法国银行之间的顺位，按照旧法（鲁里坦尼亚法）确定。法国银行与意大利银行之间的顺位，按照新法（乌托邦法）确定。

7-24 但是如果处分相同的证券，一部分发生在法律变更之前，其他部分发生在法律变更之后，按照第7条第3款，新法支配全部权益的相对顺位(除非第7条第4款第3项和第5款另有规定)。当然，这假定处分证券不涉及证券从一个证券账户转让至另一个证券账户(参见7-1)。

例7-6

中介与客户订立账户协议。账户协议明示约定鲁里坦尼亚法支配全部第2条第1款事项。订立适用法律协议时，中介在鲁里坦尼亚有合格营业所。账户持有人以证券账户和贷记账户的全部证券设定担保权益。担保权人按照鲁里坦尼亚法完善担保权益，方式不导致证券贷记银行的证券账户。之后，中介和客户修改账户协议，明示约定乌托邦法支配全部第2条第1款事项。修改账户协议时，中介在乌托邦有合格营业所。担保权人未同意修改。之后，账户持有人的无担保债权人，取得扣押贷记证券账户全部证券的司法令。之后，在《海牙证券公约》生效的国家提起诉讼，争议如下：(i)担保权是否成立、是否完善；(ii)担保权益的法律性质和对抗扣押债权人的效力(包括顺位)。因为担保权人未同意法律变更，旧法(鲁里坦尼亚法)支配所有这些问题，问题(i)按照第7条第4款第1项的规定，问题(ii)按照第7条第4款第2项第2目的规定。

例7-7

中介与客户订立账户协议。账户协议明示约定，鲁里坦尼亚法支配全部第2条第1款事项。订立适用法律协议时，中介在鲁里坦尼亚有合格营业所。账户持有人以证券账户和贷记账户的全部证券设定担保权益。担保权人按照鲁里坦尼亚法完善担保权益，方式不导致证券贷记银行的证券账户。之后，中介和客户修改协议，明示约定乌托邦法支配全部第2条第1款事项。修改时，中介在乌托邦有合格营业所。担保权人未同意修改。之后，账户持有人破产。之后，在《海牙证券公约》生效的国家提起破产程序，争议是哪国法支配担保权人权益的第2条第1款事项、对抗破产管理人的权益。受制于第8条的规定，旧法(鲁里坦尼亚法)支配全部这些问题(包括担保权人权益对抗破产管理人权益的在先顺位)，因为担保权人未同意法律变更，适用第7条第4款第2项第3目。

例 7－8

中介与客户订立账户协议。账户协议明示约定,鲁里坦尼亚法支配全部第 2 条第 1 款事项。订立账户协议时,中介在鲁里坦尼亚有合格营业所。账户持有人以证券账户和贷记账户的全部证券,为担保权人 A 设定担保权益。担保权人 A 按照鲁里坦尼亚法完善担保权益,方式不导致证券贷记其证券账户。之后账户持有人以证券账户和贷记账户的全部证券,为担保权人 B 设定担保权益。担保权人 B 按照鲁里坦尼亚法完善担保权益,方式不导致证券贷记其证券账户。之后,中介与客户修改账户协议,明示约定乌托邦法支配全部第 2 条第 1 款事项。修改时,中介在乌托邦有合格营业所。担保权人 A 和担保权人 B 都未同意修改。之后,账户持有人以证券账户和贷记账户的全部证券,为担保权人 C 设定担保权益。担保权人 C 按照乌托邦法完善担保权益,方式不导致证券贷记其证券账户。之后,在《海牙证券公约》生效的国家提起诉讼,争议如下:(i)担保权人 A 的担保权益是否顺位先于担保权人 B 的担保权益;(ii)担保权人 A 和担保权人 B 的担保权益是否顺位先于担保权人 C 的担保权益。旧法(鲁里坦尼亚法)支配问题(i),因为担保权益均在法律变更前产生,且担保权人都未同意法律变更,适用第 7 条第 4 款第 3 项;新法(乌托邦法)支配问题(ii),因为担保权人 C 的权益在法律变更后产生,按照第 7 条第 3 款,新法支配全部第 2 条第 1 款事项(第 7 条第 4 款例外都不适用)。

六、第 7 条第 5 款——顺位问题

7－25 第 7 条第 5 款规定,新法支配按照旧法成立但未按旧法完善,而之后按新法完善的权益的顺位问题,即使第 7 条第 4 款第 3 项另有规定。因此,由于例外(第 7 条第 4 款)的例外(第 7 条第 5 款),一般原则(适用新法,第 7 条第 3 款)适用。第 7 条第 5 款仅适用于按照旧法仅在当事人之间创设,之后按照新法完善的担保权益。顺位应适用旧法还是新法仅在“重合”情况产生(参见例 7－9)。按照旧法完善的权益重新按照新法完善(无论在法律变更前后)不导致新法适用(参见例 7－10)。在这种

情况下,全部权益在法律变更前已完善,这些权益的排序由旧法支配。这样解释与第 7 条第 5 款一致("按照旧法产生而按照新法完善的权益"),即明确区分担保权益的"产生"(按照旧法)和"完善"(按照新法)。这种解释避免第 7 条第 4 款第 3 项提供的确定性,免受接受担保人重复完善导致对其有利的新法适用的影响。

例 7-9

按照卢森堡法成立的中介,与按照纽约州法成立的公司客户,订立账户协议。账户协议明示约定,鲁里坦尼亚法支配全部第 2 条第 1 款事项。订立适用法律协议时,中介在鲁里坦尼亚有合格营业所。账户持有人以证券账户和贷记账户的全部证券,为担保权人 A 设定担保权益。担保权人 A 按照鲁里坦尼亚法完善担保权益,方式不导致证券贷记其证券账户。之后,账户持有人以证券账户和贷记账户的全部证券,为担保权人 B 设定担保权益。担保权人 B 与担保权人 A 不同,其未按照鲁里坦尼亚法完善担保权益。之后,中介和客户修改账户协议,明示约定乌托邦法支配全部第 2 条第 1 款事项。修改账户协议时,中介在乌托邦有合格营业所。担保权人 A 和担保权人 B 都未同意修改。之后担保权人 B 按照乌托邦法完善担保权益。之后,在《海牙证券公约》生效的国家提起诉讼,争议是新法(乌托邦法)还是旧法(鲁里坦尼亚法)支配担保权人 B 的担保权益是否顺位先于担保权人 A 的担保权益。由于担保权人 B 的担保权益(按照旧法在当事人之间产生但未完善)仅按照新法完善,新法(乌托邦法)支配顺位问题依据第 7 条第 5 款的规定。

例 7-10

按照卢森堡法成立的中介,与按照纽约州法成立的公司客户,订立账户协议。账户协议明示约定,鲁里坦尼亚法支配全部第 2 条第 1 款事项。订立适用法律协议时,中介在鲁里坦尼亚有合格营业所。账户持有人以证券账户和贷记账户的全部证券,为担保权人 A 设定担保权益。担保权人 A 按照鲁里坦尼亚法完善担保权益,方式不导致证券贷记其证券账户。之后,账户持有人以证券账户和贷记账户的全部证券,为担保权人 B 设定担保权益。担保权人 B 与担保权人 A 一样，按照鲁里坦尼亚法完善担保权益；但担保权人 B 同时在乌托邦公开备案办公室进行公开备案。之后，中介与客户修改协议，明示约定乌托邦法支配全部第 2 条第 1 款事项。修改时，中介在乌托邦有合格营业所。担保权人 A 和担保权人 B 都未同意修改。之后，在《海牙证券公约》生效的国家提起诉讼，争议是新法（乌托邦法）还是旧法（鲁里坦尼亚法）支配担保权人 B 的担保权益是否顺位先于担保权人 A 的担保权益。由于担保权益在触发修改前不仅在当事人之间成立，而且已完善，旧法（鲁里坦尼亚法）支配顺位问题适用第 7 条第 4 款第 3 项，因为没有“未完善”的担保权益。无论乌托邦实体法是否承认预先的通过公开备案的完善（在乌托邦法适用前完善），之前（按照旧法）完善且新法承认其完善的担保权益，按照新法重新完善，不触发第 7 条第 5 款适用。同样，触发修改导致法律变更之后的重复完善，也不导致第 7 条第 5 款适用。否则，第 7 条第 4 款第 3 项提供法律确定性的目的就易被损害。

第 8 条　破产

一、即使破产程序启动，根据本公约应适用的法律，支配关于破产程序启动前发生的任何事件的全部第 2 条第 1 款事项。

二、本公约不影响任何实体或程序的破产规则适用，包括任何与下列事项相关的规则——

（一）请求权类型的排序，因不公平偏颇或欺诈债权人的转让而撤销处分；或

（二）破产程序启动后强制执行权利。

一、简介

8－1 第 8 条涉及破产程序启动对在破产程序启动之前发生的与经由中介持有的证券有关的"任何事件"的后果。除了绝对的买卖，最为重要的事件是，设立担保权益（如质押）对抗中介和第三人的效力，由按照《海牙证券公约》确定的适用法律（公约法）支配。第 8 条旨在确保，按照公约法有效成立和完善的前破产权利，在破产程序中保留其效力（第 8 条第 1 款），但这些权利不得因此豁免于一般破产规则（第 8 条第 2 款，如请求权的排序、权利强制执行、撤销不公平偏颇或欺诈债权人的交易）。因此，《海牙证券公约》为全部第 2 条第 1 款事项的适用法律提供事先确定性的根本目的，特别是关于担保权益的成立和完善，在破产程序中能得到承认；同时保留破产程序地法。因此，第 8 条规定公约法（适用法律）和适用的破产法（破产程序地法）的界限。《海牙证券公约》没有关于确定破产程序地法的任何规则。只在第 8 条第 1 款规定，无论破产程序地法是怎样确定的，都应承认破产程序启动前适用法律项下发生的法律关系。

8－2 尽管《海牙证券公约》的一般方法（按照《海牙证券公约》确定的适用法律取得的权益，即使在破产程序中也应被承认；其他所有方面不涉及破产问

题),在制定开始即无争议,但最终条款版本在外交会议集中讨论后才确定(参见"工作文件一""工作文件五""工作文件九""会议报告七"及1-43)。这些讨论包括是否有必要明确各款的适用范围、内容及其相互关系,特别是公约法和破产程序地法的界限。

8-3 考察破产程序对现已破产的债务人的担保债权人,在破产程序前从该债务人取得的担保权益的可能影响,必须区分两个问题:承认担保债权人取得的权利(如尊重已完善的质押)(第8条第1款;参见8-7和8-8),以及这些权利在债务人的破产程序中的效力(如根据法院地一般适用于同样地位的权利的破产规则和程序,这些权利是否受到质疑)(第8条第2款;参见8-9及下文)。《海牙证券公约》第8条区分并处理这两个问题。第8条第1款明确,破产法院必须无条件地承认按照《海牙证券公约》确定的适用法律已完善的前破产权利。第8条第2款明确,在之后的任何破产程序中,破产程序地法支配被承认的权利的效力。

二、第8条关于破产程序的适用范围

8-4 第8条第1款没有明确属于该条款的破产程序的范围,即破产程序针对的当事人。因此,该条款对与争议标的有关的针对任何当事人的破产程序都适用,无论破产当事人是账户持有人、账户持有人的质权人及受让人、中介还是发行人本身。第8条第1款的效力是,公约法项下完善的质押或转让以及该法赋予的顺位,必须在破产程序中承认,即使破产程序启动的法域的一般法(非破产法)不承认质押或转让的完善地位,或规定其他顺位(参见例8-1和例8-2)。但是,相关破产法规则可以认定质押或转让无效(不公平的偏颇或欺诈债权人的交易),中止其强制执行,或按其规则赋予比之前较低的排序(参见例8-3和变形)。

8-5 出质人既是账户持有人又是中介,将账户贷记的证券质押的情况,与8-1至8-3、8-7至8-9及下文讨论的通常情形的唯一区别在于,在破产程序中,(a)质权人可能面临新的一类的竞合请求权人——已破产中介的账户持有人;(b)这一类人的请求权,可能基于根据《海牙证券公约》确定的另一适用法律,不仅在其间竞合,而且与质权人和其他请求权人竞合。如上所述,第8条第2款保留适用破产程序地法的自由,对完善的质押对抗所有竞合请求权人的排序适用，包括出质人的客户。尽管《海牙证券公约》规定每个账户持有人对中介的权利的适用法律的冲突规范，第 8 条第 2 款保留破产程序地法适用，支配账户持有人之间的相对权利。

8-6 因此，第 4 条或第 5 条指定的法律继续决定账户持有人对其破产中介的权利是否有效，或中介为受让人利益的转让是否已完善。但在中介的破产程序中，第 8 条第 1 款不决定账户持有人或有完善权益的受让人是否能够实现权益、实现时间和实现方式，也不支配账户持有人之间分配的次序，或账户持有人和有完善权益的受让人之间的排序。第 8 条第 2 款明示保留破产法规则对这些问题适用。

例 8-1

按照法国法成立的投资者和按照西班牙法成立的投资者，分别经由中介鲁里坦尼亚银行持有对 10 万股股票的权益，股票发行公司按照日本法成立。两个账户协议（有根据《海牙证券公约》确定适用法律的效力）都指定投资者住所地法为适用法律（较为罕见；常见的是中介在所有客户账户协议约定同一适用法律；本例旨在说明《海牙证券公约》即使在罕见情况下也适用）。鲁里坦尼亚银行经由自己的中介瑞士银行，持有这 20 万股股票。鲁里坦尼亚银行在瑞士银行的自有账户，绝对持有 10 万股日本公司股票。鲁里坦尼亚银行将在瑞士银行的账户反应的 30 万股股票，质押给意大利银行。质押按照意大利法完善。按照《海牙证券公约》规则，意大利法是支配质押的法律，基于鲁里坦尼亚银行与瑞士银行之间的账户协议。在鲁里坦尼亚对鲁里坦尼亚银行启动破产程序。

第 8 条第 1 款确保：(1)两个投资者关于各自 10 万股股票，对抗鲁里坦尼亚银行的权利，继续由《海牙证券公约》对他们各自的证券账户适用确定的法律支配；(2)破产程序启动前按照意大利法完善针对 30 万股股票的质押，将被鲁里坦尼亚破产法院承认完善。第 8 条第 2 款保留鲁里坦尼亚法作为破产程序地法的适用，可能产生下列三种效力：第一，鲁里坦尼亚法的自动中止可能影响质押（即使按照意大利法已完善）和投资者的账户（即使按照其他非鲁里坦尼亚法已完善）。第二，鲁里坦尼亚破产法的排序规定，可能决定完善的质押和账户持有人的账户，对抗竞合请求权的排序。竞合请求权可能包括：

(1)税务请求权;(2)鲁里坦尼亚银行的其他受让人的请求权;(3)鲁里坦尼亚银行的客户的任何请求权(包括两个投资者)。第三,鲁里坦尼亚破产法可能决定是否存在撤销质押的任何适用的理由。按照第8条第2款的规定,鲁里坦尼亚破产法院自由适用破产程序地法,决定破产程序两个投资者之间的相对请求权(假定两个投资者只能分配10万股股票),即使竞合的投资者对证券的请求权基于不同国家的法律。上述例子假定只有一个破产程序。《海牙证券公约》不涉及在多个破产程序或附属破产程序同时在多个法域启动时,特定破产法院应适用哪个法域的破产法(如类型排序)的问题。

三、第8条第1款:承认破产程序之前取得的权利

8-7 第8条第1款回应一个担忧:对前破产程序权益,破产管理人可能适用法院地的内国实体法,或适用法院地的冲突规范指定的国家的实体法,而不适用根据《海牙证券公约》应适用的法。因此,第8条第1款规定,破产程序启动之前按照公约法取得的权益,[31]必须在破产程序中被承认。这是完全合理的。财产权的成立和完善,如果取决于破产程序启动的国家的法律,则无法实现其功能。尽管包括全部第2条第1款事项,但第8条第1款主要是承认规则,效力是避免破产法院施加公约法之外的任何完善要件。换句话说,破产法院不得仅因为权利未(同时)按破产法院地(冲突或实体)规则设立或完善,而拒绝承认权利或完善。在这个意义上,公约法优先于破产程序地法。第8条第1款第二部分采用过去完成时,确保该款仅在"事件"(实践中最为重要的"事件"有证券贷记证券账户或完善处分)在破产程序启动前已发生时适用。如果事件在破产程序启动后发生,则第8条第1款不适用。第8条第1款确保在破产程序启动后公约法继续适用,对全部第2条第1款事项有效。

8-8 承认原则不是在真空中适用,而必须与第8条第2款保留的破产法的范

---

[31] 破产程序启动的时刻根据破产程序地法确定。破产状态一般(一些国家是必须)在破产程序启动之前;后一事件与第8条相关(如在公共记录登记的时间或启动程序的判决生效的时间)。

围一起理解,即这些破产程序承认的权利在破产程序中的效力由破产程序地法支配。因此,第 8 条第 1 款承认原则不能导致这些被承认的权利豁免于破产程序中对类似权利一般适用的破产程序地法。第 8 条第 2 款规定的与事实有关的一般规则,在下文有更详细讨论(参见 8 - 9 及下文)。

例 8 - 2

投资者有证券贷记中介为其维护的证券账户;账户协议明示约定,协议由卢森堡法支配,未明示约定另一法律支配全部第 2 条第 1 款事项。在订立适用法律协议时,中介在卢森堡有合格营业所。证券被质押给按照意大利法成立的银行。质押按照《海牙证券公约》由卢森堡法支配,且按照卢森堡法完善。针对投资者的破产程序在伦敦启动。第 8 条第 1 款确保,破产程序启动之前按照卢森堡法完善的质押被英国破产法院承认其完善效力。

四、第 8 条第 2 款:之前取得的权益在破产程序中的效力

8 - 9 通过第 8 条第 1 款确保公约法的合理地位。第 8 条第 2 款确保,破产程序地法对第 8 条第 1 款承认的之前取得权利的合理地位。第 8 条第 2 款确保,尽管根据《海牙证券公约》适用的法支配权利存在,但是由破产程序地法支配这些权利的效力(担保权人在破产程序中可以实际使用权利的程度)。

8 - 10 为明确界定并强调破产程序地法的适用,第 8 条第 2 款的结构以两种方式强调同一点。第一,引言以概括且不受限制的用语规定了一个原则,即“本公约不影响任何实体或程序的破产规则适用”。(当然,即使采用这种概括用语,第 2 款也应与第 1 款结合起来理解并不损害后者;为便于读者理解,第 2 款可以如下开始:“不影响第 1 款适用,任何条款均不……”)第二,文本采用“包括”以否定可能限定其适用范围的推定,列举不受《海牙证券公约》影响的破产法规则:“包括……相关的规则”。因此,第 8 条第 2 款第 1 项明示保留,破产程序地法可撤销欺诈转让或偏颇的规则(如破产程序前夕债务人对某一债权人设定权益,构成损害

其他债权人利益的、禁止的偏颇),以及声明某些类型请求权(如工资和/或税务)应优先于任何其他权益的规则。另外,为避免重整或破产程序无法进行(如因为担保权人扣押关键财产),第8条第2款第2项规定,承认的完善的担保权益的本应有的救济,受破产程序一般适用的防范破产中断的规则(如中止)限制。这些机制的性质和程序由破产程序地法支配。例如,破产程序地法可能规定某些证券(如上市公司股票)免于一般中止规定。总之,针对账户持有人的破产程序启动,不改变第4条或第5条确定的适用法律,支配质权人或受让人的权益的性质和完善地位。但适当的破产法支配质权是否因偏颇交易可撤销,或强制执行是否应中止等。

8-11 第8条第2款声明公约法任何规定不"影响"撤销或其他破产规则,应理解为声明《海牙证券公约》不涉及这些问题的适用法律,因此不影响这些问题的冲突规范。

8-12 第8条第2款引言明示规定,不仅保留破产程序规则的适用,而且保留破产实体规则的适用。相关规则可能在一些国家被视为程序规则,在另一些国家则被视为实体规则。《海牙证券公约》文本确保保留破产法适用的目的,不因对"程序"或"实体"的不同理解而被人为地限制适用。这对于撤销规则尤其重要,撤销规则可能在一些国家被视为程序性规则,在另一些国家则被视为实体规则。

例8-3

C向D提供100万美元无担保贷款。9个月后,C担心D可能很快破产,接受以D贷记证券账户的证券权利设定的担保权益,以担保贷款。担保权益按照《海牙证券公约》应由乌托邦法支配,且按照该法创设并完善。1个月后,鲁里坦尼亚法院对D发布基于破产的清盘令,指定破产管理人。按照鲁里坦尼亚破产法,破产程序启动前6个月内设定的担保在先债权(鲁里坦尼亚法的过往价值)的担保权益,可能应破产管理人申请作为偏颇清偿被撤销。如果D的破产管理人申请撤销C取得的担保权益,即使在破产程序启动前按照乌托邦法完善担保权益,且该担保权益完善被破产法院承认(第8条第 1 款要求)。承认的完善地位无法抗辩,依鲁里坦尼亚破产法关于撤销偏颇转让的规则,申请撤销担保权益;这种承认该担保权益(第 8 条第 1 款保留的),不排除破产程序地法的撤销规则(第 8 条第 2 款保留的)适用。

变形:

C 向 D 提供贷款,接受以 D 贷记证券账户的证券权利设定的担保权益,以担保贷款。担保权益按照《海牙证券公约》应由乌托邦法支配,且按照该法创设并完善。7 个月后,鲁里坦尼亚法院对 D 发布基于破产的清盘令。按照鲁里坦尼亚破产法(与乌托邦破产法不同),任何担保权益的排序在政府税收留置权之后。因此,即使 C 的担保权益在破产程序启动前 7 个月按照乌托邦法成立并完善,且该完善的担保权益被破产法院承认(第 8 条第 1 款要求的),承认的完善担保权益,在破产程序中的排序也后于在(一般)公约法下的排序(第 8 条第 2 款)。

第三章　一般规定

第9条　公约的普遍适用

> 无论适用法律是否是缔约国法律,本公约适用。

9-1　第9条沿袭在先的海牙公约和1980年《关于合同债务的适用法律的罗马公约》模式,明确《海牙证券公约》冲突规范的普遍性。《海牙证券公约》确定的法是适用法律,无论是否是缔约国法(“缔约国”的意义,参见1-43);是否是海牙国际私法会议成员国法;如果该法是国家领土单元的法,无论《海牙证券公约》是否根据第20条的规定扩展适用于该领土单元。因此,第9条的效力是,排除不当限制第4条或第5条规定的冲突规范制度的范围。第9条同样适用于,《海牙证券公约》确定的法是区域经济一体化组织的法,该组织由主权国家成员授权,且该组织的法根据第18条第3款等同于缔约国法。

第10条 排除法律选择规范(反致)

> 本公约中,术语"法律"是指在一国冲突规范之外的生效法律。

10-1 第10条明确《海牙证券公约》冲突规范指向内国法(实体)规则,不包括冲突规范。《海牙证券公约》不允许保留任何传统冲突规范意义上的反致。因此,《海牙证券公约》确保公约法(国家法或国家领土单元法)不再指向其他国家或其他国家领土单元的法(无论被指定的法是否源于国家法、领土单元法或区域经济一体化组织法)。第10条是《海牙证券公约》核心条款,确保《海牙证券公约》的根本目的(公约理由)实现,即统一不同的国内法冲突规范,实现确定性、可预见性和简单性。因为根据第9条的规定,无论适用法律是否是缔约国法,《海牙证券公约》都适用;如果《海牙证券公约》的冲突规范指向《海牙证券公约》未生效国家的法律,且该国的冲突规范与《海牙证券公约》不一致,则承认反致会导致《海牙证券公约》的统一目的落空。因此,外交会议通过排除反致的条款,自制定程序最初即无争议("准备文件一"第41页,"2001年1月草案"第8条),且与其他现代海牙公约的适用法律条款做法一致,一般排除反致。

10-2 但是为避免干预国内法,《海牙证券公约》规定在两种情况下,允许多单元国家内部形式的反致(第12条第2款第2项和第3款)(参见第12条评述)。

10-3 如果账户协议的当事人未直接选择适用实体法,而是约定账户协议或全部第2条第1款事项,由某一法域的冲突规范指定的法律支配,第10条排除这种条款作为第4条项下的适用法律协议。因此,适用第5条相关备用规则。否则,可能放任当事人损害《海牙证券公约》的统一目的。

10-4 采用"生效法律"而未采用"……的法"以包括在领土单元,相关法律包括该领土单元的法,以及(按照领土单元法或该多单元国家法)在该领土单元适用的该多单元国家的法律(参见4-15、12-12、12-13)。

第11条 公共政策与国际强制性规则

> 一、本公约确定的适用法律,仅在其适用的结果明显违背法院地的公共政策时得以拒绝适用。
>
> 二、本公约不排除法院地法的不考虑冲突规范,即使对国际情形必须适用的那些规则适用。
>
> 三、本条不允许适用法院地法关于完善的强制性要件或竞合权益顺位的规定,除非法院地法根据本公约是适用法律。

一、简介

11-1 第11条界定并谨慎限制法院拒绝适用第4条或第5条确定的法律的依据。这样,第11条不仅支持《海牙证券公约》提供法律确定性和可预见性的目的,而且确立缔约国赋予此目标的重要性。总之,按照第11条的规定,法院只能在极其例外的情况下,不适用《海牙证券公约》确定的法律(公约法)。

11-2 草案第一稿("2001年1月草案",见"准备文件二")对该问题有两条规定(关于法院地的国际强制性规则的第9条,已不允许适用非公约法的完善和顺位规定以及关于公共政策的第10条),之后草案将这两条规定合并为一条("2001年11月草案"第8条,见"准备文件六")。此后,只有细微的起草修改。

11-3 第11条三段文字规定,在追求法律确定性目标的背景下,同时维护缔约国的公共政策的其他目标的框架。第11条第1款可以视为规定公共政策的"防御"或"消极"方面;规定一个机制,在严格限制的条件下可能导致法院拒绝适用公约法的具体规则,因为适用结果明显违背法院地国的公共政策。相反,第11条第2款规定,法院地的国际强制性规则的适用,可以视为公共政策的"进攻"或"积极"的功能。这个机制要求法院国的具体规则自始适用，即使《海牙证券公约》确定其他法适用，且不论后者适用的结果。尽管两种模式方法不同，但追求相同目的——维护法院国的根本道德、社会、经济、政治原则。鉴于其密切联系且同样受第11条第3款限制，两种例外不同于其他一些海牙公约，采用了不同条款（参见1986年《关于国际货物买卖合同的适用法律的海牙公约》第17条和第18条）。两种例外都受第11条第3款的重要限制——这可以认为是第11条最重要的规定。第11条第3款事实上对两种例外进行重要限制，规定公共政策和国际强制性规则不得用来强加完善要件或竞合权益的顺位，除非法院地法是公约法（参见11－12的全面讨论）。

11－4 第11条不应适用于破产情况，因为《海牙证券公约》第8条规定了关于破产法（破产程序地法）的具体规则，因此排除法院地的破产法借助第11条一般公共政策适用。第11条只涉及法院地（实体）法（法院地法）和根据《海牙证券公约》适用的（实体）法（准据法）的关系。准据法和破产程序地法的关系不是第11条的调整对象，而是第8条的调整对象。第11条没有扩大或缩小第8条界定的破产程序地法的适用范围。因此，很明显，第11条不妨碍第8条允许的法院地破产规则适用，以确定对相同证券的竞合权益的顺位。如果法院地国也是破产程序启动地国，则应该适用第8条还是第11条取决于相关规定是否属于破产法。

11－5 国内法关于“欺诈法律”的规定未被《海牙证券公约》以这些用语排除，但事实上这些条款似乎在《海牙证券公约》没有适用空间，因为《海牙证券公约》冲突规范本身排除欺诈确定适用法律（参见3－10、4－7、4－21及下文）。

二、第11条第1款：公共政策例外

11－6 第11条第1款规定，适用根据《海牙证券公约》本应适用的法律的公共政策（秩序）例外；与多数国际私法公约的公共政策条款一致。与所有现代海牙公约相同，例外条款规定，《海牙证券公约》确定适用的法，只有在适用该法明显违背法院的公共政策时才能不予适用。并没有精确的模式描述国家的公共政策的内容或严格程度，以至于有必要允许（或者要求）法院拒绝适用根据《海牙证券公约》本应适用的法。例外必须在个案中适用。但不意味着公共政策问题由特定法官自由裁量——这样会损害《海牙证券公约》追求的根本目标(事先的确定性),也会损害立法者(或代表国家或经济一体化组织行为的任何机关)决定成为《海牙证券公约》当事国的政策。有大量判例的效力是,公共政策例外只在公认的罕见情况下适用,即相关外国规则如果适用于案件事实,其结果会严重背离法院的基本正义概念,以致其适用会不可容忍地侵犯法院的基本价值。

11-7 很明显,根据公约法证券贷记证券账户创设的权利的法律性质仅是合同性的,而根据法院地法是财产性的或者相反,这些还没有到严重违背基本价值的程度。类似地,没有到严重违背基本价值的程度的情况有:如果一法认为让与担保和出售回购协议是有效处分,另一法认为交易无效或是未完善的处分;或者一法规定,证券处分受让人取得的权利的效力包括有权重复使用证券,无论是否经过对方同意,而另一法认为处分的法律性质和效力较为有限(参见2-18至2-20)。另外,第11条第3款明确,外国法的完善要件和顺位规则,不因与法院地法的要件或规则不一致而被视为违反法院地的公共政策。

11-8 如简介所述(参见11-3),即使第11条第1款采用海牙公约的标准术语,也必须结合第11条第3款的重要限制理解(参见11-2)。

三、第11条第2款:法院地的国际强制性规则

11-9 与其他国际私法条约的一些条款相同(如1980年《关于合同债务的适用法律的罗马公约》第7条第2款),第11条第2款规定《海牙证券公约》不妨碍法院地的国际私法意义上的"强制性"规则适用。第11条第2款所指的规则是实体规则(非国际私法规则),即使对跨国或完全涉外的交易也必须适用,其强制性或者是法律明示规定或者是默示(依据是,为实现规则根本目的,要求规则对即使由外国法支配的非国内交易也适用)。这些规则不仅是在国内法意义上当事人不得通过合同变更的强制性规则,而且是在国际私法意义上的强制性规则,即法院有义务适用,即使在由外国法支配的非国内交易中也适用。换言之,法院地的国际强制性规则是排他适用的实体规则,即使法院地冲突规范指定外国法律制度适用

于交易时也适用;无论后者的内容如何规定,即使适用指定的外国法的(被否定的)相关规则的结果与国内法一致。很明显,仅法院地的国际强制性规则适用,其他问题仍由公约法支配。需要重申的是,这不是由特定法官自由裁量的问题,预期该例外适用极其有限。

11-10 第11条第2款例外必须结合第11条第3款的限制解读(参见11-12)。

11-11 第11条第2款明确规定,例外仅适用于法院地的国际强制性规则,不适用其他国家的国际强制性规则。因此,第三国的国际强制性规则不予适用或考虑。这一点在制定程序最初,即迅速在专家之间明确地达成了一致(参见"准备文件一"第48页及"准备文件二"第31页)。将强制性规则例外扩大至第三国国际强制性规则,可能导致重新不确定性(例如,哪个第三国的规则适用?第三国哪些规则是国际强制性规则?适用是强制适用还是裁量适用?),从而根本阻碍《海牙证券公约》目的(法律确定性)的实现。另外,对扩大解释的讨论指出,尽管一些国家在合同范围内承认扩大解释,但第三国国际强制性规则的概念对于第2条第1款事项并不合适。

例11-1

投资者I是A国居民,有证券贷记中介为其维护的证券账户,中介在D国有大量相关业务;贷记证券账户的证券的发行公司按照C国法成立。假定按照《海牙证券公约》(主要规则或备用规则之一)的规定,B国法支配全部第2条第1款事项。投资者I以证券设立担保权益。根据《海牙证券公约》的规定,担保权人按照B国法完善担保权益。A国法要求,证券质押在A国的公开登记册备案。C国要求,在C国成立的公司发行的所有证券质押,必须在公司的登记册或公司登记人的登记册备注。D国法要求,所有证券质押必须以公证书完善。E国法要求,所有证券质押必须在法院门口公示栏公示。关于质押是否完善及其顺位的诉讼在E国提起,即使E国与当事人或质押没有联系。《海牙证券公约》在E国生效,B国法支配全部第2条第1款事项。诉讼中,竞合请求权人主张,质押按A、C、D、E国法是未完善的。按照《海牙证券公约》第11条第2款的例外,法院只能考虑B国法的完善规则(参见11-12),

不得考虑A、C、D、E国法的完善规则,即使这些国家的相关规则是明确的国际强制性规则,且A、C、D国与证券或当事人有某种联系。

四、第11条第3款:重要限制

11-12 第11条第3款明确,即使是法院地的公共政策例外(参见11-6至11-8)和国际强制性规则例外(参见11-9至11-11),也不得将法院地的任何完善要件(如英国《1985年公司法》要求某些担保须登记的要求)施加给任何意定担保权益或其他处分(如第1条第2款第3项规定的任何法定留置权),以取代或重叠适用公约法的完善要件。这些例外同样不得用来适用法院地关于竞合权益顺位的任何规则。第11条第3款确保,不得以公共政策例外或国际强制性规则为掩盖,适用法院地的下列任何规则:(i)强制性的完善要件;(ii)顺位,取代公约法关于权益完善和竞合权益顺位的相关规则。因此,第11条第3款与第8条第1款一致,并加强了第8条第1款。第8条第1款禁止破产法院对特定破产程序启动之前发生的任何处分,施加公约法之外的其他任何完善要件(参见8-7及11-4)。涉及法院地国政府请求权(如税务留置权)的竞合,或适用公约法违背法院地监管法的情况,第11条第3款不导致公共政策例外和国际强制性规则例外(第11条第1款和第11条第2款)不适用。监管法包括反洗钱法和反逃税法。监管法不创设竞合权利,而是调整行为。成为《海牙证券公约》当事国时,一国表明了决定,广泛——几乎是普遍的——采用《海牙证券公约》冲突规范,会促进该国(以及全球)经济稳定和增长,以及惠及该国境内外的当事人(包括对该国举足轻重的政府部门和金融机构),即使可能导致适用与该国实体规则不一致的完善规则和顺位规则。第11条第3款反映各缔约国的决定:该国关于完善和顺位规则的公共政策,适用《海牙证券公约》确定的实体法,而不适用法院地各自的实体规则;个别法官不得援引公共政策优先考虑另一政策而改变结果,损害实现事先确定性。第11条第3款完全没有背离缔约国的公共政策,而是明确声明了缔约国的公共政策。

例 11－2

如果接受担保人按照新加坡法完善对证券的担保权益，证券发行人按照马来西亚法成立，新加坡法是《海牙证券公约》确定的支配全部第 2 条第 1 款事项的适用法律，担保权益应被所有《海牙证券公约》适用的国家的法院承认是完善的。换言之，在《海牙证券公约》适用国家的法院，新加坡法之外的任何法律的完善要件都不适用。即使马来西亚法有特殊的监管要求或程序，监管通过马来西亚中央证券存管机构记录的证券转让（如禁止通过离岸账户持有证券的规定）。第 11 条第 3 款确保，这些监管规则不得与新加坡关于完善的法重叠适用或取代新加坡法适用，各当事国法院均不得考虑。换言之，监管法当然仍是任何缔约国的特权，但不得视为“完善”的额外要件。这点尤其适当，因为产生此争议最常见的事实是，涉及在外国下级中介的账户进行的证券转让，中介与账户持有人约定马来西亚法之外的适用法律，但该规则不限于这种事实。当然，如果诉讼在马来西亚法院进行，只有马来西亚法是《海牙证券公约》项下的适用法律，支配对这些证券的担保权益的完善，马来西亚法官才可以适用马来西亚法；如果未完全符合适用的马来西亚法的任何要求，则认定接受担保人的担保权益未完善（或可能无效）。但这种情况下，适用这些要件是因为马来西亚法是公约法，而不是因为按照第 11 条第 1 款或第 2 款适用马来西亚公共政策。按照第 11 条第 3 款的规定，即使在马来西亚法院诉讼，马来西亚的监管要求也不得作为额外的完善要件强制适用。

第12条 为多单元国家确定适用法律

一、如果账户持有人与相关中介约定多单元国家特定领土单元的法律：

（一）第4条第1款第一句提到的“国家”是指该领土单元；

（二）第4条第1款第二句提到的“国家”是指该多单元国家本身。

二、适用本公约时——

（一）多单元国家领土单元的生效法律既包括该单元的法律，也包括在该单元适用的该多单元国家自身的法律；

（二）如果多单元国家领土单元的生效法律指定该国其他领土单元的法律支配通过公共备案、记录或登记进行的公示，则该其他领土单元的法律支配该问题。

三、多单元国家可以在签署、批准、接受、核准或加入时声明，如果按照第5条适用法律是该多单元国家或该国领土单元的法律，该多单元国家生效的内部法律选择规范决定是否适用多单元国家或该多单元国家特定领土单元的实体法规则。作出此声明的多单元国家应将这些内部法律选择规范内容的信息，提交海牙国际私法会议常设事务局。

四、多单元国家可在任何时间声明，如果根据第4条的规定，适用法律为该国一领土单元的法律，则该领土单元的法律仅在相关中介在该领土单元有符合第4条第1款第二句规定条件的营业所时适用。此类声明不影响声明生效前的证券处分。

一、简介

12-1 关于《海牙证券公约》对多单元国家适用，第12条规定了几个关键的解释规则和实体规则。《海牙证券公约》将多单元国家定义为“一国内部两个或更多领土单元，或国家与一个或更多领土单元，对于任何第2条第1款事项有自己的法律规则”(参见1-28对第1条第1款第13项的评述)。这类规则因此可能来自多单元国家的不同领土单元(如澳大利亚各州和领土),或者来自不同级别的政府(如美国联邦法和州法)。

12-2 第12条不仅旨在由多单元国家适用或在多单元国家内部适用,而且对非多单元国家同样重要;在确定涉及多单元国家的任何第2条第1款事项的适用法律时,《海牙证券公约》生效的“所有”国家必须赋予第12条效力。

12-3 如果当事人指定特定领土单元法,第12条第1款解释主要规则(第4条)对多单元国家怎样实施(参见12-6及下文);第12条第2款第1项阐明“多单元国家领土单元的生效法律”在《海牙证券公约》的意义(参见12-12和12-13);第12条第2款第2项保留关于通过备案、记录或登记进行完善的国内冲突规范(参见12-14和12-15);第12条第3款和第4款允许多单元国家作出一些声明,关于第4条和第5条在该多单元国家的实施(参见12-16及下文和12-21及下文)。

12-4 第12条不是多单元国家扩展适用条款(参见第20条评述)。

12-5 第12条最终文本只能在作为初步问题的冲突法法律选择规范确定后起草。该问题在外交会议上才确定,但对外交会议前最后的复杂草案进行了大幅简化(参见“2002年6月草案”第11条,见“准备文件十五”)。对于第12条的产生,制定程序中的多数草案和材料对该条的解释作用不大。

二、第12条第1款:《海牙证券公约》第4条第1款的主要规则对多单元国家的适用

12-6 第12条第1款规定对第4条第1款的解释规则,仅在账户持有人与中介协议约定多单元国家特定领土单元的法律时适用。在这个重要方面,第1款与第12条其他各款不一致,其他各款不依赖于这种约定。很明显,第12条第1款的适用前提是,第4条第1款项下的约定有效。

12-7 如果当事人未指定特定领土单元的法律,而是(a)未明示约定支配账户协议或全部第2条第1款事项的法律,或(b)明示约定多单元国家自身的法律(如“加拿大法”“美国法”)(如果当事人有充分的法律意见,后者不太常见),则第1款和第4款不适用;第12条其他各款仍适用,只要

《海牙证券公约》确定的适用法律是多单元国家法。

12-8 第4条第1款承认账户协议明示约定的国家的法律的效力,如果相关中介在该国有合格营业所。因此,第4条第1款的前提是被指定的国家只有一套相关规则。第4条第1款不涉及多单元国家的情形。因此,第12条第1款旨在使第4条第1款适应这种情形。这样第4条第1款默示规定,当事人不仅可以选择国家的法,也可以选择领土单元的法。第4条第1款有几处采用“国家”一词,第12条第1款说明怎样解释几处提到的“国家”,明确对于多单元国家,第4条第1款的“国家”有两个不同意义。

12-9 一方面,第1款第1项明确如果当事人明示约定多单元国家特定领土单元的法律(作为支配账户协议的法律或者支配全部第2条第1款事项的其他法律),则适用法律是约定的领土单元法(受制于在该情况适当适用的合格营业所条件;参见12-10)。换言之,如果当事人指定特定领土单元法,协议不是只指向该领土单元所属国,而是直接指向约定的领土单元。例如,如果当事人约定新南威尔士州法,第1款第1项规定,新南威尔士州的生效法律适用、支配全部第2条第1款事项。因此,如果当事人约定多单元国家特定领土单元的法,第4条第1款第一句提到的“国家”是指该领土单元(参见12-12和12-13,解释领土单元“生效法律”的实际意义;12-14和12-15,关于维持该国关于备案、记录、登记进行完善的内部冲突规范)。

12-10 另一方面,在相同情形下(如果当事人约定多单元国家特定领土单元的法适用),第1款第2项确认,第4条第1款第二句的“国家”是指该多单元国家本身。因此,相关中介在该多单元国家任何地点有合格营业所即符合合格营业所条件(参见例12-2),合格营业所不必在当事人约定的法律所属的领土单元。但第4款允许多单元国家通过声明,强制要求比第4条第1款一般适用的条件在地域上更为严格的条件(在《海牙证券公约》生效的所有国家执行,而不仅仅是在多单元国家是法院地国时)(参见12-21及下文)。

12-11 对于第1款第2项,还需要指出两点:第一,第1款第2项解释规则不得导致反致情形,即不得产生下列后果:适用法律是(a)约定的领土单元所在国之外的国家的法,或(b)约定的领土单元所在的国家之外的国家的领土单元的法。理由是第1款第2项的明示用语以及第10条的概括排除《海牙证券公约》中的反致。第二,第1款第2项的解释规则不得推定选择一国特定领土单元法的当事人,无须符合合格营业所要求,而约定非多单元国家法的当事人需要符合合格营业所要求。两类当事人都不得豁免于符合要求,即在适用法律协议订立时,在相关"国家"(多单元国家或非多单元国家)有合格营业所。多单元国家本身决定是否按照第4款进行声明,是否出于内部政策,合格营业所需要在约定的领土单元,或可以在该多领土单元国家的任何地点;当事人必须在这方面符合多单元国家决定的合格营业所标准。

例 12-1

投资者I在按照俄亥俄州法成立的银行A开立证券账户。账户协议明示约定纽约州法支配账户协议,未明示约定其他法支配全部第2条第1款事项。在账户协议订立时,银行在纽约有合格营业所。之后,投资者以投资者I的证券账户和贷记证券账户的全部证券,为按照英格兰法成立的贷款人设定担保权益。第4条第1款第一句根据第12条第1款第1项解释为,包括完善争议的全部第2条第1款事项由纽约州生效法律支配。本例较为常见,无论美国是否按照第12条第4款声明,纽约营业所都符合合格营业所要求,因为营业所在纽约州,纽约州是适用法律条款指定的领土单元。因为纽约州是多单元国家的一个州,第12条第2款第1项在确定法律内容时具有相关性,在某些情况下,第12条第2款第2项也具有相关性(分别参见12-12、12-13、12-14和12-15)。

例 12-2

某些事实如例12-1,除了适用法律协议订立时,银行A的唯一营业所在俄亥俄州。如果美国未按照第12条第4款进行声明,则仍满足第4条第1款第二句规定的条件,因为银行A在多单元国家即美国有合格营业所(即使营业所不在账户协议指定的领土单元)。因此,如例12-1,全部第2条第1款事项由纽约州的生效法律支配。第2款第1项必然相关,第2款第2项可能相关。

例 12－3

中介与客户订立账户协议,协议明示约定英属哥伦比亚法支配账户协议,未明示约定其他法支配全部第 2 条第 1 款事项。在账户协议订立时,银行在英属哥伦比亚或加拿大任何其他地点无合格营业所。即使按照第 12 条第 1 款第 2 项解释,也未满足第 4 条第 1 款第二句规定条件,因为中介在加拿大无合格营业所。当事人指定英属哥伦比亚法为适用法律,因此不具有按照第 4 条第 1 款确定支配全部第 2 条第 1 款事项的法律的效力。因此,如果之后贷记客户证券账户的股票被质押,适用法律不按照第 4 条确定,而按照第 5 条备用规则之一确定。需要注意的是,如果备用规则指定多单元国家法适用,且该国按照第 12 条第 3 款声明,则可能涉及第 12 条第 3 款。

三、第 12 条第 2 款第 1 项:“多单元国家领土单元的生效法律”

12－12 第 2 款第 1 项澄清了出现在《海牙证券公约》几个条款(第 4 条第 1 款、第 5 条第 1 款、第 5 条第 2 款、第 5 条第 3 款、第 10 条、第 12 条第 2 款第 2 项、第 16 条第 3 款和第 16 条第 4 款)的“多单元国家领土单元的生效法律”的意义。第 2 款第 1 项将术语定义为既包括该领土单元的法,也包括该领土单元适用的多单元国家的法(按照该领土单元的法或按照该多单元国家的法)。该规则承认并自动执行某些多单元国家现行的联邦规则(例如,保留联邦规则对美国政府和机构证券适用的优先效力)。因此,即使按照相关《海牙证券公约》规则,适用法律是纽约法,可能不仅包括纽约州法,还包括在争议相关的纽约州生效的美国联邦法。

12－13 第 2 款第 1 项必须结合概括排除反致的第 10 条理解。因此,“多单元国家领土单元的生效法律”排除生效冲突规范,只包括生效实体规则。换言之,条款本身不导致跨国的反致(指向其他多单元国家领土单元法,或其他国家法)。类似地,第 2 款第 1 项不产生所谓的内部反致(再指向该多单元国家另一领土单元法);这是明确用语的意义。《海牙证券公约》允许的唯一反致类型，可以视为第10条的例外是：(a)第12条第2款第2项项下可能发生的有限的内部反致形式(参见12－14、12－15)；(b)如果多单元国家按照第12条第3款声明，则第5条项下可能发生有限的内部反致(参见12－21及下文)。

四、第12条第2款第2项：保留关于通过备案、记录、登记完善的内部冲突规范

12－14 如上所述，第12条第2款第2项允许极其有限的内部反致规则，支配通过备案、记录、登记完善。在适用法律按照第4条(《海牙证券公约》主要规则)或按照第5条备用规则之一确定时，该条款规定唯一尊重多单元国家的内部冲突规范的情况。第2款第2项是对于一些多单元国家适用的重要条款。第2款第2项解决的事实是，根据加拿大一些省和美国一些州(尽管其他多单元国家也可能出现这个问题)的法律，支配通过公共登记或备案完善证券的担保权益的法律，是债务人所在法域的法律，且登记或备案必须在该法域进行。[32] 第2款第2项规定，如果"多单元国家领土单元的生效法律"(参见12－12、12－13)指定该国其他领土单元法支配通过公共备案、记录或登记进行公示，则该其他领土单元法支配该问题。该条款因此允许极其有限的形式的内部反致，实施多单元国家的内部冲突规范——但仅限于完善，且仅限于通过备案、记录、登记完善的规则。注意本规则按照《海牙证券公约》文本适用，不取决于存在多单元国家声明。

例12－4

按照特拉华州法成立的中介哥谭交易商与客户新泽西州居民投资者I订立账户协议，明示约定纽约州法支配账户协议，未明示约定其他法支配全部第2条第1款事项。账户协议订立时，哥谭交

---

[32] 关于加拿大，参见其《动产担保法》(Personal Property Security Act)，R. S. O. 1990，c. P. 10 (OPPSA)，s. 7(1)(b)；关于美国，参见《统一商法典》(Uniform Commercial Code，UCC) Sections 9－301，9－305(c)(1)，9－307。

易商在纽约州有合格营业所。之后,投资者以投资者I的证券账户和贷记证券账户的全部证券,为日本银行设定担保权益。第4条第1款指定纽约州的生效法律,支配包括完善要件在内的全部第2条第1款规定事项。假设日本银行根据一般惯例,按照纽约州实体法规定的"控制"证券进行完善,即使《海牙证券公约》不存在,纽约州法仍是适用法律;因为按照《统一商法典》第9-305(a)(3)条(所有50个州相同),对于证券权利和证券账户的担保权益,如果完善是通过备案、记录、登记之外的方式实现的,支配完善和顺位的法律是"第8-110(e)条规定的证券中介所在法域"的内国法。在本案中,适用法律是账户协议中明示的适用法律条款指定的法域。在该情况下,不涉及第12条第2款第2项,因为该条只适用于通过备案、记录、登记进行完善的冲突规范。

但如果日本银行选择通过备案进行完善,那么即使《海牙证券公约》不存在,新泽西州法也应支配对投资财产(该术语包括本例担保品)的担保权益按照备案完善的情况;因为按照《统一商法典》第9-305(c)(1)条(所有50个州相同),对通过备案进行的完善的争议,由债务人所在法域的内国法支配(对通过备案进行完善的多数其他担保品适用)。因为日本银行按照备案进行完善,纽约州法指定新泽西州法适用(同一多单元国家的另一领土单元法),第12条第2款第2项适用;该项实施(而非破坏)纽约州关于备案完善的冲突规范制度,为《海牙证券公约》目的,关于完善争议指定新泽西州法的法律。

12-15 第12条第2款第2项明示实施的仅是内部反致,即只尊重多单元国家领土单元的、仅指定同一多单元国家(参见该条"该国"的意义)另一领土单元实体法律的生效冲突规范。换言之,在例12-4中,如果债务人所在地[根据《统一商法典》第9-307(b)条确定]在新西兰,纽约州法指定新西兰法支配备案完善,第12条第2款第2项不实施该指定,而适用纽约州自身的法。《海牙证券公约》没有实施跨国指定法律的条款,并不是疏忽;第10条严格反对真正的(国际)反致,是第12条第2款第2项反映的约定方案的一部分。从美国国内实践角度来看,应注意证券账户和证券权利按照备案完善不是规则而是例外,债务人所在地在美国国外(根据《统一商法典》第9－307条)的概率在多数情况下是明显的(即使不是罕见)。另外,即使涉及“外国”债务人的情形,如果完善是通过备案、记录、登记之外的方式进行,则限制也不适用。

五、第12条第3款:多单元国家声明在第5条情况下保留内部冲突规范的可能性

12－16 与第2款第2项相同,第12条第3款允许多单元国家一种内部反致的形式。按照该条,多单元国家可以提交声明,效力是如果根据第5条确定的适用法律是声明国法或声明国一领土单元法,该多单元国家生效的内部冲突规范必须适用。因此,这些规则决定应适用多单元国家还是该国领土单元法的实体法。预期第12条第3款适用不会频繁影响结果,因为该款仅在第5条备用规则之一适用,且仅在多单元国家按照第12条第3款声明时适用。

12－17 第12条第3款第二句对声明的多单元国家施加有意明确(“应当”而不是“可以”)的义务,“将这些内部法律选择规范内容的信息”提交海牙国际私法会议常设事务局。但声明国履行该义务不是声明生效的条件,认为没有必要对违反义务施加惩罚,因为提供信息有利于声明国。施加义务的目的,是提供多于仅有声明本身存在的指引。当然,从交易当事人信赖的实际角度,“关于法律规定的信息”当然无法代替权威的具体的法律意见。预计信息可能包括声明时多单元国家相关的生效立法文本,如果只有判例法,则包括对相关规则的解释(采用原文或海牙国际私法会议的工作语言之一,即英语或法语)。但如果多单元国家按照第12条第3款声明,《海牙证券公约》所有缔约国适用这些规则的义务,不以该国提供信息为条件或提供信息的性质和程度为限制。

12－18 第12条第3款两句中“内部冲突规范”的表述,是指支配在多单元国家不同领土单元的法律之间或者在领土单元法与该多单元国家法之间选择的规则。同样,其是指该多单元国家“生效”的内部冲突规范(不是该多单元国家的“内部冲突规范”)。因此,这些内部冲突规范可以是“联邦”规则(多单元国家自身规则),或第5条指定的领土单元制定的规则(“州”“省”规则等)。谈判者清楚多单元国家权限划分有多种模式。

第3款重点不是区分省级、州级或国家级的冲突规范，其规定的目的是，允许多单元国家维持其现行内部制度，无论其组织形式，确定哪个实体法（联邦法或领土单元法，领土单元法适用时是哪个领土单元法）应适用；该国没有理由声明仅保留联邦法，也从未讨论过这种限制。

12-19 与第12条第2款第2项一致，第12条第3款不允许国际反致发生。换言之，该条款不允许导致指定任何其他国家（包括另一多单元国家）的法律，或另一多单元国家的领土单元的法律。

12-20 最后，为确保适用法律的绝对可预见性，第12条第3款明示规定，声明只能在签署、批准、接受、核准或加入时作出。

例12-5

假定鲁里坦尼亚作出第12条第3款声明。之后，投资者I与银行B订立账户协议，银行B是按照鲁里坦尼亚领土单元X法成立的中介。账户协议没有法律选择条款，未明示约定其他特定法律支配全部第2条第1款事项。但协议明示无歧义地（在账户协议签字页的独立段落）陈述，中介通过在鲁里坦尼亚领土单元Y的大都会营业所订立账户协议。假定第5条第1款条件全部符合，适用法律是领土单元Y的法。但如果鲁里坦尼亚或领土单元Y的冲突规范对这些事实适用，如指向相关中介法人成立地法，则领土单元X的实体法支配全部第2条第1款事项。注意领土单元X法仍适用，即使鲁里坦尼亚同时作出第12条第4款声明，施加更严格的地域条件。因为第12条第4款声明，仅在根据第4条确定适用法律时适用。本案中，第4条不适用，第12条第4款声明无关紧要。

例12-6

假定多单元国家普里坦尼亚（Pluritania）作出了第12条第3款声明。银行B是按照普里坦尼亚自身的法成立的中介B，与外国客户订立账户协议。假定支配全部第2条第1款事项的法律按照第5条第2款确定。因为银行B不是按照普里坦尼亚领土单元法成立，而是按照普里坦尼亚自身法成立，适用法律是银行有（主）营

> 业地所在的普里坦尼亚领土单元的生效法律。但如果普里坦尼亚国家或银行(主)营业所所在的领土单元的冲突规范,适用于这些事实,指向普里坦尼亚另一领土单元法,则该其他领土单元的实体法支配全部第2条第1款事项。

六、第12条第4款:多单元国家可选择施加更严格的地域条件

12-21 第12条第1款第2项规定,第4条第1款第二句中的"该国"是指多单元国家本身。因此,对于多单元国家,在订立适用法律协议时,如果相关中介在该多单元国家任何地点有合格营业所,即满足第4条第1款第二句的规定条件,即使营业所不在当事人指定法律所属的领土单元。但第12条第4款允许多单元国家通过声明,施加比第12条第1款项下本应适用的更严格的地域条件。当然,如果多单元国家作出声明,《海牙证券公约》生效的所有国家必须适用更严格的地域标准(不仅在声明的多单元国家)。第12条第4款建立的声明机制,允许多单元国家缔约国在任何时间声明,只有相关中介在指定的领土单元有合格营业所,才符合第4条第1款第二句规定的条件。如果多单元国家作出这种声明,当事人约定该多单元国家特定领土单元的法律,仅在相关中介在该领土单元有合格营业所的情况下,有依照第4条第1款确定适用法律的效力。

12-22 只有多单元国家能按照第12条第4款声明,且只针对其本国的领土单元。因此,非多单元国家不得声明,效力是仅在中介在当事人约定的适用法律所属的领土单元有合格营业所的情况下,该国法院才认定符合条件。另外,如果当事人指定法律所属的领土单元所属的多单元国家未作出第12条第4款声明,则另一多单元国家这种声明在任何法院(包括声明国内部)对这种指定没有效力。

例 12－7

假定西班牙是《海牙证券公约》当事国，作出了第 12 条第 4 款声明。之后，投资者 I 与银行 X 订立账户协议，银行 X 是按照西班牙法成立的中介。账户协议明示约定，由加泰罗尼亚法支配，未明示约定其他法支配全部第 2 条第 1 款事项。订立适用法律协议时，银行 X 在马德里有营业所，但在加泰罗尼亚无营业所。之后，投资者 I 试图确定，贷记其证券账户的 10 万股日本公司股票创设的权利的法律性质，以及对抗银行 X 和第三人的效力。因为在订立适用法律协议时，银行 X 在加泰罗尼亚无合格营业所，根据第 12 条第 1 款解释并结合第 12 条第 4 款声明适用，不符合第 4 条第 1 款第二句的规定条件。因此，适用法律按照第 5 条确定。

12－23 因为第 4 条第 1 款规定了时间要求，即在订立适用法律协议时相关中介在该国有合格营业所（在例 12－7 中为加泰罗尼亚，由于第 12 条第 4 款声明）。如果在约定冲突法条款时，相关中介在相关领土单元无营业所，账户协议的冲突法条款无效，即使之后相关中介在相关领土设立营业所依然无效（除非之后在修改账户协议中明示重申适用法律协议，且重新适用合格营业所标准并在修改时符合标准，参见 4－18、4－27 及下文）。

12－24 按照第 12 条第 4 款的规定，多单元国家的声明不限于适用于全部领土；例如，可以对一个或更多领土作出声明，并由于不作为对其他领土单元适用第 4 条第 1 款一般规则（根据第 12 条解释）。例如，加拿大可以声明，只有相关中介在魁北克省有合格营业所，当事人明示指定魁北克省法才符合第 4 条第 1 款第二句要求；但是由于对其他领土单元的沉默，如果在加拿大任何地点有合格营业所，那么，相关中介明示指定任何其他各省的法律都符合条件。关于特殊规则适用于一个或几个但非全部领土单元的个别声明（多单元国家出于联邦制考虑或其他国内重要依据，认为有必要或必须声明），在实践中不导致特殊问题。与《海牙证券公约》其他声明相同，第 12 条第 4 款项下的声明应在海牙国际私法会议网站公开可查。

12－25 第 4 款最后一句规定，第 12 条第 4 款声明对声明生效之前的交易没有效力。这非常重要,因为第 12 条第 4 款声明可在任何时间作出(与第 12 条第 3 款声明不同)。

例 12-8

中介和与客户投资者 I 订立账户协议,明示约定由英属哥伦比亚省的法律支配账户协议,未明示约定其他法支配全部第 2 条第 1 款事项。订立适用法律协议时,中介仅在魁北克省和安大略省有营业所。之后,投资者 I 以证券账户和贷记证券账户的全部证券,为银行 B 设立担保权益,银行 B 按照英属哥伦比亚省法完善担保权益。根据第 12 条解释第 4 条第 1 款的规定,英属哥伦比亚法支配全部第 2 条第 1 款事项。之后,加拿大对各省作出第 12 条第 4 款声明。按照第 12 条第 4 款最后一句,声明不影响声明生效之前进行的交易,包括设立担保权益。因此,即使加拿大声明后,担保权仍是完善的,但是对于未来处分,只要选择英属哥伦比亚省法的协议未在修改账户协议时明确重申,且在修改时未重新适用合格营业所标准并符合标准,声明前选择英属哥伦比亚省法的协议就不再有效。

第 13 条 一致解释

解释本公约，应注意其国际性以及促进其适用的一致性的需要。

13-1 本条表述已成为条约解释的标准原则（参见 1986 年《关于国际货物买卖合同的适用法律的海牙公约》第 16 条、1980 年《联合国国际货物买卖合同公约》第 7 条第 1 款、2001 年《开普敦公约》第 5 条第 1 款）。这是对国内法院的指示，国内法院应避免国内法解释原则，而适用独立的解释体系。因此，解释《海牙证券公约》时，国内法院不仅应考虑《海牙证券公约》用语、《海牙证券公约》两种作准文本（英文和法文）（具有同等效力）以及《海牙证券公约》的一般目的（特别是提供法律确定性和可预见性，参见序言第一段），还要考虑其他缔约国法院适用的解释。第 13 条旨在维护《海牙证券公约》解释和适用的最大限度的一致。

13-2 该原则的重要性由第 14 条加强，第 14 条规定特别委员会会议将审议《海牙证券公约》的实际实施（参见第 14 条评述）。

第 14 条 审议本公约的实施

海牙国际私法会议秘书长应定期召集特别委员会,审议本公约的实际实施,考虑是否有必要对本公约进行任何修改。

14－1 本条规定对《海牙证券公约》的审议机制,特别考虑法院对《海牙证券公约》条款的解释和适用,鉴于实践变动和《海牙证券公约》解释和适用中发现的问题,考虑是否有必要修订《海牙证券公约》。该程序的基本目的是,确保《海牙证券公约》能一直有效提供贷记证券账户的证券的适用法律的法律确定性和可预测性。

14－2 召集会议的主要负责人是海牙国际私法会议秘书长。秘书长一般根据海牙国际私法会议一个或更多成员表达的意愿,在海牙会议管理机构的支持下召集会议。秘书长也可自主决定提议召集这种会议,如常设事务局(秘书处)基于收到或取得的信息认为有必要召集会议。

14－3 海牙国际私法会议全体成员、《海牙证券公约》其他当事国或当事区域经济一体化组织、任何缔约国或缔约的区域经济一体化组织(该术语的意义参见 1－43)将受邀参加这些审议会议。秘书长也可邀请其他国家或政府间、非政府间国际组织。与《海牙证券公约》准备过程相同,将邀请私人部门使之有充分代表。

第四章　过渡性规定

第 15 条　前公约权益和后公约权益的顺位

> 在缔约国,根据本公约确定的适用法律决定,一人在本公约对该国生效后取得的经由中介持有的证券的权益,是否灭失或顺位先于其他人在本公约对该国生效前取得的权益。

15－1　本条规定各缔约国应适用《海牙证券公约》冲突规范(第4条或第5条),以确定适用法律,支配《海牙证券公约》对该缔约国生效之后取得的权益与生效之前取得权益之间的顺位。这些权益分别被称为"后公约权益"和"前公约权益"。对于本条与第7条的区别,参见7－4评述。本条规则不会给前公约账户协议的当事人带来困难,因为他们有充足的机会基于本条效力调整合同,因此,在许多(如果不是多数)情况下,可以预见支配顺位的公约法。但是,为指导法院并给市场参与者提供更大的确定性,《海牙证券公约》明示规定此重要问题。

15－2　本条所指的《海牙证券公约》生效,不是指在国际层面生效(根据第19条第1款),而是对法院地国生效(无论是根据第19条第1款还是第19条第2款)。本条开始所指的"在缔约国"不是有意限制规则适用,仅是陈述只有《海牙证券公约》适用,该规则才适用(术语"缔约国"的意义参见1－43)。

15－3　本条规则适用不考虑竞合权益的性质;它们可以是同类权益,也可以是不同类权益。例如,竞合可能发生在持有对贷记同一证券账户的证券有担保权益的两个担保权益人之间,两个账户持有人之间,账户持有人和对贷记证券账户的证券有担保权益的人之间，或者担保权益人和扣押债权人之间。

例 15－1

投资者I有证券贷记中介为其维护的证券账户，中介按照鲁里坦尼亚法成立。之后，投资者I以证券为担保债权人1设立担保权益。担保债权人1按照其认为的支配该问题的实体法完善担保权益。之后，《海牙证券公约》对比利时生效。之后，投资者以证券为担保债权人2设立担保权益。担保债权人2按照其认为的支配该问题的实体法律完善担保权益。最后，在比利时诉讼，争议是担保债权人2的担保权益是否顺位先于担保债权人1的担保权益，或使之灭失。按照第15条的规定，《海牙证券公约》支配该争议。

15－4 因此，公约法适用可能影响前公约权益（在上例中，公约法可能决定前公约权益被后公约权益灭失）。除此之外，《海牙证券公约》对公约法是否可能或必须适用，支配前公约权益或其处分的任何其他问题或赋予任何其他效力没有规定（除非在第16条另行规定范围内）。

15－5 可以预见，在《海牙证券公约》生效导致适用法律变更时，前公约处分和后公约处分之间发生顺位争议的情况会非常少见。《海牙证券公约》的目标和效力，不是导致法律从一国到另一国的变更。《海牙证券公约》的目的是，消除某些国家国内法对适用《海牙证券公约》体现的原则时的障碍和不确定性。的确，在国际清算系统运营的一些法域，适用法律已经按照与《海牙证券公约》类似的规则确定。另外，鉴于在制定过程中和《海牙证券公约》生效后，对《海牙证券公约》规则的广泛宣传，许多市场参与者已经考虑到《海牙证券公约》。因此，《海牙证券公约》对一国生效之前，很多交易当事人会预见到《海牙证券公约》规则可能适用，因此也会按照《海牙证券公约》确定的法律的必要完善步骤，完善其处分。

第16条 前公约账户协议及证券账户

一、本公约提到的“账户协议”包括本公约根据第19条第1款生效之前订立的账户协议。本公约提到的“证券账户”包括本公约根据第19条第1款生效之前开立的证券账户。

二、除非账户协议有条款明示援引本公约,对于本公约根据第19条对该国生效之前订立的证券账户协议,缔约国法院适用第4条第1款时,应适用第3款和第4款。缔约国可在签署、批准、接受、核准或加入时声明,对于本公约根据第19条第1款生效之后而在本公约根据第19条第2款对该国生效之前订立的协议,该国法院不适用这些条款。如果缔约国是多单元国家,可对任何领土单元作出这种声明。

三、如果按照支配账户协议的法律的国家的规则,账户协议任何明示条款的效力是,特定国家或特定多单元国家的领土单元的生效法律适用于任何第2条第1款事项,该条款有使该法支配全部第2条第1款事项的效力,条件是在订立账户协议时,相关中介在该国有符合第4条第1款第二句规定的条件的营业所。缔约国可在签署、批准、接受、核准或加入时声明,如果本款所述账户协议的当事人明示约定证券账户在另一国维护,则该国法院对该协议不适用本款。如果缔约国是多单元国家,则可对任何领土单元作出这种声明。

四、如果第16条第3款适用的账户协议之外的协议的当事人,约定证券账户在特定国家或特定多单元国家的领土单元维护,则该国家或该领土单元的生效法律是全部第2条第1款事项的适用法律,条件是订立账户协议时相关中介在该国有符合第4条第1款第二句规定的条件的营业所。此约定可以是明示的,也可以根据合同条款整体或相关事实推定。

一、简介

16-1 本条旨在帮助市场参与者避免修改大量前公约账户协议,或取代前公约证券账户的昂贵成本和不必要手续，以在《海牙证券公约》生效时立即从《海牙证券公约》受益。第16条通过下列方式实现此目的：

（1）第16条第1款确认，《海牙证券公约》适用于《海牙证券公约》在国际上生效（第19条第1款）之前订立的账户协议和开立的证券账户；

（2）第16条第3款和第4款规定特殊的解释规则，将前公约账户协议某些条款解释为，在第4条第1款意义上有确定全部第2条第1款规定事项（“第2条第1款事项”）的适用法律的效力。

16-2 第16条第2款指引各缔约国法院使用第16条第3款和第4款解释规则，对于《海牙证券公约》对该国生效前订立的账户协议适用第4条第1款，但仅在账户协议未明示援引《海牙证券公约》的情况下。如果账户协议包括明示援引《海牙证券公约》的条款，直接适用第4条、第5条和第6条，无须第16条第3款和第4款的任何解释协助。

16-3 另外，第16条第2款授权缔约国声明，对于《海牙证券公约》在国际上生效（第19条第1款）和《海牙证券公约》对声明国生效期间（无论按照第19条第1款或第19条第2款）（“间隔期”）订立的协议，该国法院适用第4条第1款时不适用第16条第3款和第4款的解释规则。

16-4 第16条第3款和第4款的解释规则，力图提供法律确定性，即对包括某些特定条款或术语的前公约账户协议，赋予《海牙证券公约》项下的适当效力。

16-5 例如，由美国州法或联邦法支配的现有账户协议，往往包括约定相关中介所在法域或选择适用法律的某些条款（参见例12-4和16-2）。按照美国法规则，这些条款具有确定至少某些第2条第1款规定事项的适用法律的效力。第16条第3款反映的观点是，当事人明示选择这些法律支配账户协议并选择包括上述特定条款之一，可以推定为已预见被选的法律适用的结果，因此应赋予其预见效力。

16-6 类似地，由欧盟成员国法支配的现有账户协议，往往明示或默示地表明，关于维护相关证券账户的地点的约定。第16条第4款反映的观点是，明示指定维护证券账户地点的当事人可以被推定为已预见到该地的法支配全部第 2 条第 1 款事项,因此应赋予其预见效力。

16 - 7 可能产生的情况有,当事人(i)明示约定 A 地为维护证券账户的地点,且(ii)账户协议有条款选择 B 国法为适用法律。账户协议的当事人有上述两种约定时,第 16 条第 3 款允许一国选择,排除第 16 条第 3 款对此账户协议适用。因此,认为当事人本应预见第 2 条第 1 款事项基于证券账户所在地的国家,可能选择按照第 16 条第 3 款作出声明,因此确保第 16 条第 4 款适用于所有明示约定账户所在地的情况。特别是第 16 条第 3 款授权各国声明,如果账户协议的当事人明示约定,证券账户在依据第 16 条第 3 款解释规则本应适用的法律所属国之外的国家维护,该声明国法院不适用第 16 条第 3 款解释规则。但是,如果未声明,则第 16 条第 3 款优先适用,确定适用法律。

16 - 8 第 16 条第 2 款至第 4 款只涉及账户协议的解释,不影响第 4 条第 3 款,该款规则涉及在账户持有人向中介处分经由该中介持有的证券时,确定哪个账户协议是相关的。第 4 条第 3 款适用于前公约账户协议和后公约账户协议,无论第 16 条第 2 款至第 4 款是否适用。

16 - 9 关于第 16 条第 2 款和第 3 款中"缔约国"的定义,参见 1 - 43。

二、第 16 条第 1 款

16 - 10 第 16 条第 1 款规定,《海牙证券公约》提到的"账户协议"和"证券账户",包括《海牙证券公约》在国际上生效(第 19 条第 1 款)之前订立的账户协议和开立的证券账户(第 19 条第 1 款)。明示确认《海牙证券公约》适用于前公约账户协议和前公约证券账户,消除任何可能存在的疑虑,避免任何一般溯及力观念妨碍《海牙证券公约》对该特定问题的适当适用。

三、第 16 条第 2 款

(一)为第 16 条第 3 款和第 4 款的适用提供指引

16 - 11 第 16 条第 2 款指引法院何时适用第 16 条第 3 款和第 4 款的解释规则。

第16条第3款和第4款规定了关于对某些前公约账户协议适用第4条第1款的解释规则，它们不规定独立的冲突规范。这些解释规则适用于前公约账户协议，除非存在下列情况：

(1)账户协议明示援引《海牙证券公约》；

(2)账户协议在间隔期订立，诉讼进行地国按照第16条第2款声明，对该期间订立的账户协议，该国法院不适用第16条第3款和第4款。

如果符合任一条件，直接适用第4条第1款，确定支配全部第2条第1款事项的法律，无须借助第16条第3款和第4款。

16-12 第16条第3款和第4款的适用，限于未明确援引《海牙证券公约》的前公约账户协议，目的是使知情的市场参与者简单地避免第16条第3款和第4款的解释规则适用于前公约账户协议，前提是他们认为这些条款会变更直接(不借助第16条第3款和第4款解释规则)适用第4条、第5条和第6条的结果，或损害其适用的法律确定性。如果前公约账户协议的适用法律所属国的规则，不认为账户协议的任何条款有确定任何第2条第1款事项的适用法律的效力，而是赋予第4条第1款和第5条第1款规定之外的条款该效力(确定任何第2条第1款事项的适用法律)，或赋予第4条第1款和第5条第1款规定的条款不同的等级顺序，则第16条第3款和第4款可能导致与直接适用第4条、第5条和第6条不同的结果，第16条第4款可以视为消除直接适用第4条、第5条和第6条的法律确定性，因为该款允许法院考虑每个账户协议整体和相关事实。因此，选择"明示援引《海牙证券公约》"，使知情的市场参与者在《海牙证券公约》生效时，简单地将第4条、第5条和第6条适用于其前公约账户协议，排除第16条第3款和第4款解释协助可能产生的任何不同结果或不确定性。换言之，明示援引《海牙证券公约》的前公约账户协议排除在第16条之外，因为这些协议的当事人必然已使协议与《海牙证券公约》条款一致，与后公约协议当事人相同。在这种情况下，区分前公约协议和后公约协议，既无必要，也不适当。

(二)声明机制

16-13 国家可以在签署、批准、接受、核准或加入《海牙证券公约》时声明，对于

《海牙证券公约》在国际上生效和《海牙证券公约》对声明国生效期间的间隔期订立的协议，该国法院不适用第16条第3款和第4款。如果缔约国如此声明，则该国法院对间隔期订立的账户协议适用第4条、第5条和第6条时，无须借助第16条第3款或第4款的任何解释协助。多单元国家可对任何领土单元作出声明。第20条对声明作出了一般规定。

例16-1

中介与客户于2001年1月订立账户协议，是在《海牙证券公约》于国际上生效之前。订立账户协议时，中介在苏黎世有从事维护证券账户业务的营业所。账户协议明示约定，由瑞士法支配。根据瑞士法的规则，该法律选择条款不产生瑞士法支配任何第2条第1款事项的效力。中介和账户持有人希望《海牙证券公约》生效时，立即由瑞士法支配全部第2条第1款事项。他们无法依赖第16条第3款和第4款的规则实现目的。第16条第3款不产生该效力，因为瑞士法规则不认为，账户协议任何条款能确定任何第2条第1款事项的适用法律。第16条第4款可能也不奏效，因为即使账户协议未明示约定维护证券账户的地点，法院是否会根据账户协议整体或相关事实，认定当事人有默示约定并不确定。

因此，2003年1月（仍在《海牙证券公约》于国际上生效之前），当事人修改账户协议，包括明示援引《海牙证券公约》的条款。之后，客户以贷记证券账户的全部证券设立担保权益。担保权人按照瑞士法完善担保权益。《海牙证券公约》在国际上生效后，在《海牙证券公约》生效的国家诉讼，争议是担保权益是否完善。瑞士法支配全部第2条第1款事项，包括完善争议。因为明示援引《海牙证券公约》导致第4条第1款直接适用，无须借助第16条第3款或第4款解释规则。第4条第1款指向瑞士法，因为账户协议包括约定瑞士法的适用法律条款，且在订立适用法律协议时，中介在瑞士有合格营业所。第7条不适用于这种情况，因为旧法不是按照《海牙证券公约》确定的。但如果当事人再次变更账户协议（在《海牙证券公约》于国际上生效之前或之后），且新的变更导致公约法变更，则按照第4条第1款确定公约法，第7条应当适用（参见第7条评述）。

四、第16条第3款

16－14 第16条第3款规定两项事项：(i)解释规则，将前公约账户协议某些条款解释为，为《海牙证券公约》第4条第1款目的而确定全部第2条第1款事项的效力；以及(ii)声明机制。

(一)解释规则

16－15 第16条第3款的解释规则可能影响的前公约账户协议，是包括特定条款的由特定国家法支配的账户协议，如美国，其冲突规范赋予账户协议中的特定条款选择法律的效力(参见例12－4和例16－2)。第16条第3款只影响明示规定任何此类条款的前公约账户协议。第16条第3款规定，假定按照支配账户协议的法律所属的国家或多单元国家领土单元的规则，这些明示条款应具有确定任何第2条第1款事项的适用法律的效力，则《海牙证券公约》产生该法支配全部第2条第1款事项的效力，但须符合合格营业所要求。第16条第3款如适用，可能导致适用法律扩大范围，从某些第2条第1款事项扩大至全部第2条第1款事项，某些情况下还可能导致第4条产生结果，而第4条本不应产生结果，从而避免借助第5条备用规则。用语“生效法律”的意义，参见4－15、12－12、12－13评述。

(二)声明机制

16－16 一国可在签署、批准、接受、核准或加入《海牙证券公约》时，按照第16条第3款作出声明。声明可规定该国法院不适用第16条第3款解释规则，如果账户协议的当事人明示约定证券账户在他国维护，不在按照第16条第3款解释规则本应适用的法律所属国。多单元国家可以对任何领土单元作出声明。

例 16 - 2

按照马萨诸塞法成立的中介,与客户于 2001 年 1 月订立账户协议,在《海牙证券公约》于国际上生效之前。账户协议明示约定证券中介的法域是纽约,明示约定账户协议由纽约法支配。订立适用法律协议时,中介在纽约有合格营业所。客户以证券账户和贷记证券账户的证券产生的全部证券权利设立担保权益。担保权人按照纽约法完善担保权益。根据纽约《统一商法典》第 9 - 305(a)(3)条的规定,选择中介法域的效力使纽约法得以适用,支配担保权益的完善和顺位,这是第 2 条第 1 款事项中的两项。

之后在《海牙证券公约》生效的国家提起诉讼,争议是对中介维护的证券账户贷记证券的担保权益是否完善。法院地国未作出第 16 条第 3 款声明,或者即使作出声明,但与争议无关,因为账户协议未明示约定证券账户在美国之外的国家维护。纽约法应支配全部第 2 条第 1 款事项,包括完善。结果是按照第 16 条第 3 款解释第 4 条第 1 款确定的。账户协议指定纽约为证券中介的法域,根据纽约法产生的效力是,纽约法支配第 2 条第 1 款事项中至少一个事项(尽管在本案中,既有完善又有顺位);在订立适用法律协议时,中介在美国有合格营业所;按照第 16 条第 3 款协助解释第 4 条第 1 款的效力,将纽约法扩大适用于全部第 2 条第 1 款事项。

16 - 17 如果例 16 - 2 中,完善争议在按照第 16 条第 3 款声明的国家诉讼,当事人在账户协议中明示约定,证券账户在按照第 16 条第 3 款解释规则应适用的法律所属国之外的任何国家维护(不必是声明国),法院不适用第 16 条第 3 款解释规则。法院会适用第 16 条第 4 款解释规则,但如果借助第 16 条第 4 款解释无法确定适用法律,则根据第 4 条、第 5 条和第 6 条确定适用法律,而不借助第 16 条第 3 款或第 4 款。

五、第 16 条第 4 款

16 - 18 第 16 条第 4 款规定的解释规则,赋予前公约账户协议的某些条款,为《海牙证券公约》第 4 条第 1 款目的而有确定全部第 2 条第 1 款事项的适用法律的效力，其在下列情况适用：(i)第 16 条第 3 款不适用(参见 16－15)；或者(ii)借助第 16 条第 3 款解释无法确定适用法律(参见16－16、16－17)。“生效法律”的意义，参见 4－15、12－12、12－13 评述。

16－19 因此，如果第 16 条第 3 款不适用的前公约账户协议中，明示约定证券账户在一国或多单元国家一领土单元维护，则《海牙证券公约》将该国法或该领土单元法视为第 2 条第 1 款事项的适用法律，条件是订立账户协议时相关中介在该国有合格营业所。

16－20 与第 16 条第 3 款不同，根据第 16 条第 4 款的规定，约定证券账户在一国或多单元国家一领土单元维护的协议可以是明示的，可以是根据前公约协议的条款整体推定，或从当事人订立前公约协议时的相关事实推定。该方法是独特的，在《海牙证券公约》中仅此一处；与第 16 条第 3 款要求只有相关条款是明示才适用，第 4 条第 1 款要求明示约定才适用，以及第 5 条第 1 款要求特定条款“必须在书面账户协议中明示无歧义地声明”才适用有很大不同。

16－21 需要指出，关于前公约协议的条款整体或相关事实，是否表明存在关于维护证券账户地点的默示约定，法院作出决定时不得赋予任何分量给第 6 条规定的任何因素。因此，法院不得考虑证券发行人作为法人成立地或其他组织成立地、法定住所地、注册营业所地、中央管理地、营业地或主营业地，任何代表基础证券的任何凭证所在地，基础证券的登记册所在地，相关中介之外的任何其他中介所在地。法院的考量应限于，与当事人是否默示约定证券账户在国家或国家领土单元维护真正相关的因素。

例 16－3

中介与客户于 2001 年 1 月订立账户协议，在《海牙证券公约》于国际上生效之前。账户协议明示约定证券账户在阿姆斯特丹维护，明示约定账户协议由英格兰法支配。订立账户协议时，中介在荷兰有合格营业所。客户以贷记证券账户的全部证券设立担保权益。担保权人按照荷兰法完善担保权益。

之后在《海牙证券公约》生效的国家提起诉讼，争议是担保权益是否完善。确定适用法律不使用第 16 条第 3 款解释规则，因为英格兰法不认为账户协议任何条款有确定任何第2条第1款事项的适用法律的效力。而是按照第16条第4款解释规则适用第4条第1款,荷兰法支配全部第2条第1款规定的事项,包括完善争议。因为当事人在账户协议中明示约定,证券账户在阿姆斯特丹维护,且当事人对此约定时中介在荷兰有合格营业所。

例16-4

按照鲁里坦尼亚法成立的中介,与客户于2001年1月订立账户协议,在《海牙证券公约》于国际上生效之前。账户协议没有适用法律条款,未明示约定维护证券账户的地点。但账户协议明示约定,鲁里坦尼亚中介通过在鲁里坦尼亚首都大都会的营业所订立账户协议。在订立账户协议时,中介在鲁里坦尼亚有合格营业所。中介还分配给客户证券账户银行编码,将证券账户分配给大都会营业所。客户账户贷记的证券的发行人按照法国、英国、美国、日本、澳大利亚法成立,鲁里坦尼亚中介分别通过在上述各国的次级托管人持有证券。客户以贷记证券账户的全部证券设立担保权益。担保权人按照鲁里坦尼亚法完善担保权益。

之后在《海牙证券公约》生效的国家提起诉讼,争议是担保权益是否完善。为确定第16条第3款是否适用,法院(根据法院地冲突规范,不是《海牙证券公约》冲突规范)认为账户协议由鲁里坦尼亚法支配。适用法律不是借助第16条第3款解释规则确定的,因为鲁里坦尼亚法不认为账户协议的任何条款有确定任何第2条第1款事项的适用法律的效力。但是按照第16条第4款解释规则,法院可以认定鲁里坦尼亚法支配全部第2条第1款事项,包括完善。因为条款约定鲁里坦尼亚中介通过大都会营业所订立协议,分配的银行编码将证券账户分配给大都会营业所,这两个事实一起考虑足以表明存在默示约定,证券账户在鲁里坦尼亚维护。而且当事人约定时,中介在鲁里坦尼亚有合格营业所。认定的这两个事实,足以使法院认定存在默示约定,因为事实足以表明当事人关于维护证券账户地点的意图,而且事实都不属于第6条清单。

六、按照第16条第3款或第4款无法确定适用法律

16－22 如上所述，第16条第3款和第4款规则仅是解释规则，不是独立的国际私法制度。因此，如果借助这些条款的解释无法确定适用法律，则第4条、第5条和第6条决定适用法律，并不借助第16条。可能发生的几种情况如下：

账户协议不是《海牙证券公约》在国际上生效之前订立；

账户协议明示援引《海牙证券公约》；

前公约账户协议不包括第16条第3款和第4款提到的任何条款；

前公约账户协议在间隔期订立，且法院国是声明该国法院对该类账户协议不适用第16条第3款和第4款的缔约国；

订立账户协议时，中介在相关国家或相关领土单元无合格营业所；

账户协议没有明示或默示条款，约定维护证券账户的地点（且第16条第3款不适用）。

16－23 在这些情况下适用第4条、第5条和第6条，不借助第16条第3款或第4款，以维护《海牙证券公约》的整体结构：如果适用法律无法按照第4条确定，那么适用第5条备用规则。

例16－5

中介与客户于2001年1月订立账户协议，在《海牙证券公约》于国际上生效之前。账户协议明示约定，账户协议由新西兰法支配，明示约定证券账户在开曼群岛维护。订立适用法律条款时，中介在奥克兰有合格营业所。中介在开曼群岛也有营业所，但不符合第4条第1款第二句规定的条件。客户以贷记证券账户的全部证券设立担保权益。担保权人按照新西兰法和开曼群岛法完善权益。

之后在《海牙证券公约》生效的国家提起诉讼，争议是担保权益是否完善。适用法律不借助第16条第3款确定，因为新西兰法

不认为选择适用法律或约定维护账户的地点,有确定任何第2条第1款事项的适用法律的效力。确定适用法律不借助第16条第4款,即使账户协议有条款,明示约定证券账户在开曼群岛维护,因为中介在订立账户协议时在开曼群岛无合格营业所。因此,适用第4条第1款必须不借助第16条第3款和第4款的解释规则。按照第4条第1款的规定,新西兰法支配全部第2条第1款事项。因为账户协议明示约定受新西兰法支配,且在订立适用法律协议时中介在新西兰有合格营业所。

例16-6

中介与客户于2001年1月订立书面账户协议,在《海牙证券公约》于国际上生效之前。账户协议没有适用法律条款,未明示约定维护证券账户的地点。但账户协议明示无歧义地约定中介通过海德堡营业所订立账户协议。在订立账户协议时,中介在海德堡有合格营业所。客户以贷记证券账户的全部证券设立担保权益。担保权人按照德国法完善担保权益。

之后在《海牙证券公约》生效的国家提起诉讼,争议是担保权益是否完善。法院认为账户协议适用德国法。第2条第1款事项的适用法律不借助第16条第3款确定,因为德国法不认为账户协议的任何条款具有确定任何第2条第1款事项的适用法律的效力。第2条第1款事项的适用法律不借助第16条第4款确定,因为账户协议未明示约定维护证券账户的地点,约定协议由海德堡营业所订立本身,不足以表明存在关于维护证券账户的地点的默示约定。

假定账户协议或相关事实的其他因素都不支持认定默示协议,则全部第2条第1款事项的适用法律不按照第4条第1款确定,不借助第16条第3款和第4款解释,因为账户协议未明示约定支配账户协议或支配全部第2条第1款事项的法律所属的国家。第5条第1款备用规则适用(不借助只适用于第4条的第16条第3款和第4款解释协助)。按照第5条第1款的规定,德国法支配全部第2条第1款事项,因为账户协议明示无歧义地声明,鲁里坦尼亚中介通过海德堡营业所订立账户协议,且在当事人订立账户协议时中介在海德堡有合格营业所。

例16-7

按照新加坡法成立的中介与客户于2001年1月订立书面账户协议,在《海牙证券公约》于国际上生效之前。账户协议没有适用法律条款,未明示约定维护证券账户的地点,也没有明示无歧义地声明中介通过特定营业所订立账户协议。客户以贷记证券账户的全部证券设立担保权益。担保权人按照新加坡法完善担保权益。

之后在《海牙证券公约》生效的国家提起诉讼,争议是担保权益是否完善。法院认为账户协议适用新加坡法。如上例所述,第2条第1款事项的适用法律不是按照第4条确定的(无论是否借助第16条第3款和第4款)。适用法律也不是按照第5条第1款确定的,因为账户协议即使是书面的,但未明示无歧义地声明中介通过特定营业所订立账户协议。按照第5条第2款的规定,新加坡法支配全部第2条第1款事项,因为当事人订立账户协议时中介按照新加坡法成立。

第五章 最后条款

第17条 签署、批准、接受、核准或加入

> 一、本公约将对所有国家开放签署。
>
> 二、本公约应由签署国批准、接受或核准。
>
> 三、未签署本公约的任何国家，可在任何时间加入本公约。
>
> 四、批准、接受、核准或加入本公约的文件，应交存本公约的保存机关荷兰王国外交部。

17-1 本条规定一国成为《海牙证券公约》缔约国的两种途径有：签署《海牙证券公约》并之后向保存机关交存批准书、接受书或核准书（第1款、第2款和第4款），或者向保存机关交存加入书（第3款和第4款）。签署《海牙证券公约》使国家有义务“避免从事损害《海牙证券公约》宗旨和目的的活动”（参见1969年《维也纳条约法公约》第18条），只要该国是《海牙证券公约》签署国；每次交存批准书、接受书、核准书或加入书，都构成该国在国际上受条约约束的国际行为（《维也纳公约》第2条第1款第2项）。

17-2 本条规定的两种途径，在性质和效力上没有区别。对海牙国际私法会议成员国和非成员国同等适用。另外规定，不区分是否参加通过《海牙证券公约》文本的外交会议的国家。这与多数海牙公约显著不同，一般规定只有海牙国际私法会议成员国能够签署、批准、接受、核准《海牙证券公约》，而非成员国只能加入《海牙证券公约》。另外，与之前的多数海

牙公约不同，不要求加入《海牙证券公约》被(已加入的国家)* 接受。为了给国家成为缔约国提供尽可能多的选择和便利，有意取消上述区别(沿袭 1986 年 12 月 22 日《关于国际货物买卖合同的适用法律的海牙公约》第 25 条)。

17－3 本条不强制要求签署、批准、接受、核准或加入《海牙证券公约》的任何时间要求，或任何其他前提。特别是一国签署《海牙证券公约》时，本条不要求批准、接受或许可的期限，批准书、接受书或许可书甚至可以在签署时交存。第 3 款的效力是，非签署国可以在《海牙证券公约》按照第 19 条第 1 款在国际上生效前(后)加入《海牙证券公约》。

17－4 批准书、接受书、核准书或加入书交存《海牙证券公约》保存机关，即荷兰王国外交部(第 4 款)；保存机关通知第 24 条规定的国家或组织，本条项下的任何签署、批准、接受、核准或加入(参见第 24 条进一步评述)。

17－5 《海牙证券公约》在国际上的生效和对特定缔约国的生效，由第 19 条支配，不由本条支配。

17－6 按照第 1 款至第 3 款规定的签署、批准、接受、核准或加入，只对国家适用；关于区域经济一体化组织的相应条款为第 18 条。

---

* 为方便读者理解，此括号内容为译者增加。——译者注

第18条 区域经济一体化组织

> 一、由主权国家组成且对受本公约支配的某些事项有权限的区域经济一体化组织，同样可以签署、接受、核准或加入本公约。区域经济一体化组织在该情况下享有缔约国的权利义务，限于该组织对受本公约支配事项有权限。本公约中涉及缔约国的数量时，区域经济一体化组织不在作为本公约缔约国的成员国之外另行计算。
>
> 二、区域经济一体化组织应当在签署、接受、核准或加入时，书面通知保存机关，具体列出关于本公约支配事项已由其成员国转移到该组织的权限。区域经济一体化组织应及时书面通知保存机关，依照本款通知列出的权限分配的任何变更，以及任何新的权限转移。
>
> 三、本公约提到的"一个缔约国"或者"几个缔约国"，在适当情况下同样适用于区域经济一体化组织。

18-1 本条允许主权国家组成的区域经济一体化组织（如欧洲共同体）签署、接受、核准或加入（特意去掉"批准"，只有国家才可批准《海牙证券公约》），但限于区域经济一体化组织对《海牙证券公约》支配事项有权限。欧洲共同体通过了《海牙证券公约》支配事项的一些法律文件［1998年5月19日欧洲议会和理事会《关于支付系统和证券结算系统的结算的终局性的98/26/EC指令》（OJ L 166/45 of 11.6.1998）；2001年4月4日欧洲议会和理事会《关于信贷机构重组清盘的2001/24/EC指令》（OJ L 125/15 of 5.5.2001）；2002年6月6日欧洲议会和理事会《关于金融担保安排的2002/47/EC指令》（OJ L 168/43 of 27.6.2002）］。只有欧洲共同体有权限缔结影响这些文件的国际条约，而非成员国。因此（因为欧洲共同体不是《海牙证券公约》意义上的多单元国家），有必要在《海牙证券公约》条款中规定，允许欧洲共同体（或任何其他区域经济一体化组织）成为缔约机构，享有缔约国的权利义务（因此成为"缔约的区域经济一体化组织"）。这是海牙公约中首次出现此类条款,基本沿袭2001年《开普敦公约》第48条的规定。[33]

18-2 鉴于该问题的重要性,区域经济一体化组织应书面(第1条第1款第14项)通知保存机关(荷兰王国外交部),列出《海牙证券公约》涉及事项范围内由"该组织成员国转移到该组织的权限"。因此,只有区域经济一体化组织由于权限转让对列出的事项具有排他权限,成员国不再有对其立法的独立权限时,才能作出通知。通知应在签署时或交存接受书、核准书或加入书时作出;区域经济一体化组织必须"及时"通知保存机关其权限的全部(如有)变更或全部(如有)新的权限转移。第18条第2款规定的通知,不视为第22条规定的声明:第18条项下的通知是强制性的,第22条项下的声明则不是。

18-3 在其权限范围内,缔约的区域经济一体化组织在这些事项上,与缔约国享有同等权利义务(本条第1款)。因此,本条第3款规定,《海牙证券公约》关于缔约国的任何条款,在适当情况下对区域经济一体化组织同等适用。但《海牙证券公约》规定涉及缔约国数量时,在作为缔约国的该组织的成员国之外,区域经济一体化组织不作为缔约国另行计算(第1款第三句)。这与《海牙证券公约》在国际上生效有关(第19条第1款),要求3个国家交存批准书、接受书、核准书或加入书。因此,区域经济一体化组织交存接受书、核准书或加入书,不在第19条第1款考虑的范围之内。

18-4 区域经济一体化组织应向保存机关交存接受书、核准书或加入书。《海牙证券公约》没有明确陈述,而是类推第17条第4款的结论;由于第1款第一句的"同样"一词,表明唯一涉及《海牙证券公约》管理的条款——第17条第4款,对于区域经济一体化组织也适用。需要注意的是,按照第24条的规定,关于区域经济一体化组织按照本条第1款交存的所有签署、所有接受书、核准书或加入书,以及按照本条第2款作出的所有通知,保存机关通知全体海牙国际私法会议成

---

[33] 因此,本条的评述基本沿袭《开普敦公约》第48条的官方评述。See *Convention on International Interests in Mobile Equipment and Protocol Thereto on Matters Specific to Aircraft Equipment*, *Official Commentary by Professor Sir Roy Goode CBE*, *QC*, published and distributed by the International Institute for the Unification of Private Law (UNIDROIT), Rome, September 2002, pp. 150-152.

员,以及已签署《海牙证券公约》或交存批准书、接受书、核准书或加入书的其他所有国家和区域经济一体化组织(参见第 24 条第 1 项和第 4 项)。

第 19 条　生效

> 一、本公约第 17 条提到的批准、接受、核准或加入文书交存后,3 个月届满后第一个月的第一天,本公约生效。
>
> 二、下列日期之后本公约生效——
>
> (一)对于之后批准、接受、核准或加入本公约的各国或第 18 条提到的各区域经济一体化组织生效,在该国或该组织交存批准、接受、核准或加入文书后 3 个月届满后第一个月的第一天;
>
> (二)对于本公约根据第 20 条第 1 款扩展适用的领土单元,在该条提到的声明通知后 3 个月届满后第一个月的第一天。

一、简介

19－1 第 19 条涉及《海牙证券公约》生效的两个事项。第一,《海牙证券公约》在国际上生效的时间(第 19 条第 1 款)。第二,《海牙证券公约》对已交存批准书、接受书、核准书或加入书的特定国家[包括《海牙证券公约》扩展适用的(多单元国家的)领土单元],或区域经济一体化组织生效的时间。关于第二个事项,第 19 条还进一步区分了导致《海牙证券公约》在国际上生效的国家(第 19 条第 1 款),以及之后的任何国家或区域经济一体化组织(第 19 条第 2 款)。

19－2 保存机关通知《海牙证券公约》生效的每个日期(按照第 19 条第 1 款或第 2 款、第 24 条第 2 项的规定)。

19－3 仅签署《海牙证券公约》而不交存批准书、接受书或核准书不导致《海牙证券公约》生效(按照第 19 条第 1 款或第 2 款的规定都不生效)。

二、《海牙证券公约》在国际上生效(第 19 条第 1 款)

19－4 《海牙证券公约》在国际上生效日期为,第三份国家交存的批准书、接受书、核准书或加入书交存后 3 个月届满后第一个月的第一天。因此,如果第三份文书于7 月 18 日交存,则《海牙证券公约》于 11 月 1 日生效,即使 11 月 1 日是周六、周日或假日。区域经济一体化组织按照第 18 条交存文书,不列入第 19 条第 1 款考虑范围,此处只考虑国家交存的文书。

19-5 《海牙证券公约》在国际上生效的日期与第 16 条的实施有关。该日期是区别前公约和后公约账户协议和证券账户的分界线,也是“间隔期”的起算日(与第 16 条第 2 款声明有关)。因为《海牙证券公约》于国际上生效,以向保存机关交存文书的日期为准,所以保存机关所在地决定相关时区。

三、《海牙证券公约》对国家、区域经济一体化组织或领土单元生效

(一)对导致《海牙证券公约》生效的国家生效(第 19 条第 1 款)

19-6 对于导致《海牙证券公约》在国际上生效的三个国家,《海牙证券公约》对该等国家的生效日期相同。第 19 条第 1 款未明示陈述,因为这是不言而喻的;如果《海牙证券公约》于国际上生效而对导致《海牙证券公约》生效的国家未生效,则不符合确定的条约法实践。

19-7 《海牙证券公约》何时对前三个国家中的多单元国家的领土单元生效?与《海牙证券公约》对该国本身的生效日期一致。依事实可能有两种方式实现。按照第 20 条第 3 款的规定,如果一国未按照第 20 条第 1 款作出声明,《海牙证券公约》按《海牙证券公约》的条款适用于该国全部领土单元。或者按照第 22 条第 4 项的规定,如果多单元国家作出第 20 条第 1 款规定的声明(《海牙证券公约》扩展适用于该国的一个或更多领土单元,并且只能在签署《海牙证券公约》时或交存批准书、接受书、核准书或加入书时作出声明),声明在《海牙证券公约》对该国生效时同时生效。

(二)对之后的国家和区域经济一体化组织(第 19 条第 2 款)

19-8 第 19 条第 2 款涉及对第四个及之后的国家和区域经济一体化组织的生

效。对于这些国家和组织,《海牙证券公约》在各自交存文书后 3 个月届满后第一个月的第一天生效(第 19 条第 2 款第 1 项)。第 19 条第 2 款第 1 项的"之后"不是指《海牙证券公约》于国际上生效之后,而是第三份批准书、接受书、核准书或加入书交存之后。第四份文书可能与第三份文书同日交存,那么《海牙证券公约》对前三个国家和第四个交存者同日生效。

19 - 9 《海牙证券公约》对不属于前三个生效国家的多单元国家的领土单元何时生效？与对该国生效日期相同。依事实可能有两种方式实现。按照第 20 条第 3 款的规定,如果一国未按照第 20 条第 1 款作出声明,《海牙证券公约》按《海牙证券公约》的条款适用于该国全部领土单元(与前三个生效国家相同)。另外,如果多单元国家按照第 20 条第 1 款作出声明,并且在交存批准书、接受书、核准书或加入书的同时通知声明,则结果按照第 19 条第 2 款第 2 项实现。因此,多单元国家如果希望作出扩展适用声明,最好在交存批准书、接受书、核准书或加入书的同时通知声明。

第20条 多单元国家

> 一、多单元国家可在签署、批准、接受、核准或加入时声明,本公约应扩展适用于该国的全部领土单元或者仅适用于其中一个或多个领土单元。
>
> 二、任何此类声明应明示陈述本公约适用的领土单元。
>
> 三、如果国家未依照第1款作出声明,则本公约对该国全部领土单元扩展适用。

20-1 第20条规定一般所称的联邦国家扩展条款。但适用于第1条第1款第13项定义的全部多单元国家,不限于基于"联邦"关系的国家。这是现代(海牙)公约常见的条款。规定多单元国家可以在签署《海牙证券公约》时或交存批准书、接受书、核准书或加入书时,声明《海牙证券公约》规定适用于该国的全部领土单元,或一个或更多领土单元(第20条第1款)。如果该国不作声明,则《海牙证券公约》适用于全部领土单元。

20-2 按照第20条第1款作出的声明,可以在任何时间由按照第22条第2项提交的新的声明修改,或由按照第22条第3项提交的声明撤回。如果撤回声明,则《海牙证券公约》对多单元国家的全部领土单元适用。在这种情况下,《海牙证券公约》对之前未生效的领土单元的生效日期为,保存机关按照第24条通知后6个月届满之日(参见第22条第5项)。但是如果声明被新的声明修改,将《海牙证券公约》适用于一个或更多的领土单元,则《海牙证券公约》对这些新增领土单元生效的日期为,保存机关按照第24条通知之日起3个月届满后第一个月的第一天(参见第22条第4项第二句的规定)。在两种情况下,《海牙证券公约》对之前已生效领土单元的生效日期不变。

20-3 如果按照《海牙证券公约》(第4条或第5条)确定的法律,是《海牙证券公约》未扩展适用的领土单元的法,仍可适用该领土单元的法。这是类推第9条的结果,规定《海牙证券公约》具有一般适用性,即无论适用法律是否属于缔约国都适用。

第21条　保留

> 对本公约不得作出保留。

21-1　与多数其他海牙公约一致,《海牙证券公约》不允许任何保留。保留是一国意在排除或修改条约的特定条款对该国适用的法律效力的单边行为(参见《维也纳条约法公约》第2条第1款第4项)。按照现代国际公法,除非条约明确授权,保留不约束其他国家,除非其他国家接受(《维也纳条约法公约》第20条)。海牙公约传统上反对保留,只有少数海牙公约允许一些明示规定的保留。对于《海牙证券公约》,没有成员国提出需要特别的保留。因此,《海牙证券公约》没有允许保留的条款,不允许保留。

21-2　《海牙证券公约》的确允许某些声明(第22条);这些声明不视为保留。这些声明是《海牙证券公约》本身允许的条款范围内的调整,只适用于声明国的领土。

第22条 声明

> 为本公约第1条第5款、第12条第3款和第4款、第16条第2款、第3款、第20条之目的——
>
> (一)任何声明应书面通知保存机关。
>
> (二)任何缔约国可在任何时间通过提交新声明修改声明。
>
> (三)任何缔约国可以在任何时间撤回声明。
>
> (四)在签署、批准、接受、核准或加入公约时所作的任何声明,在公约对声明国生效时同时生效。之后所作的任何声明及任何新声明,在保存机关根据本公约第24条通知之日起3个月届满后第一个月的第一天生效。
>
> (五)在公约保存机关根据第24条通知之日起6个月届满后第一个月的第一天,撤回声明生效。

22-1 第22条规定的技术性和管理性规则,涉及《海牙证券公约》允许的声明的作出、修改、撤回的方式以及生效时间。本条提到并适用于《海牙证券公约》规定的6种可能的声明(参见第1条第5款、第12条第3款和第4款、第16条第2款和第3款、第20条)。

22-2 第22条第1项规定,声明应书面通知保存机关(参见24-1)。按照第1条第1款第14项关于"书面"的定义,如果声明之后可以以有形方式复制,声明可以通过电子形式发给保存机关。海牙国际私法会议将与保存机关合作,在海牙国际私法会议网站及时通知按照第22条规定作出的声明。

22-3 按照第22条第2项的规定,声明不得通过修改现有声明而更改,只能通过提交新的声明更改。可以在任何时间提交新的声明。这一方式便于获取最新信息,希望了解声明最新内容的人可以查阅并信赖完整独立的记录(无须收集原声明和一个或多个修改内容)。

22-4 第22条第3项规定可以在任何时间撤回声明。通过提交新的声明撤回原声明。在保存机关按照第24条通知后6个月届满之日起，撤回声明生效。撤回声明需要更长期限生效，是考虑到市场调整可能需要更长期限。

22－5 第22条第4项涉及声明的生效时间。第22条第4项基于声明作出的时期区分了两种情况。如果在签署《海牙证券公约》时或交存批准书、接受书、核准书或加入书时作出声明（可以是第1条第5款、第12条第3款和第4款、第16条第2款和第3款或第20条项下的声明），则声明在《海牙证券公约》对该国生效（无论按照第19条第1款或第2款）时同时生效。但如果是之后作出声明（可以是第1条第5款和第12条第4款规定的初次声明，或者修改在先声明的新声明），则在保存机关按照第24条通知之日起3个月届满后第一个月的第一天声明生效（参见第24条评述）。这与海牙公约的现行一般做法即声明生效自保存机关从声明国收到通知之日起算有细微区别。本公约中，时间期限自保存机关发出通知之日起算，似乎更适当。变更系统方法，是为了使市场参与者有必要的时间适应声明的效力。

第23条 退出

一、缔约国可以通过书面通知保存机关,退出本公约。退出可以限于公约适用的多单元国家的若干领土单元。

二、退出于公约保存机关收到退出通知之日起12个月届满后第一个月的第一天生效。通知中规定更长的退出的生效期限的,在保存机关收到该退出通知之日起该更长的期限届满时退出生效。

23-1 《海牙证券公约》无期限,只能通过废止终止。第23条允许缔约国书面通知保存机关,该国或其任何领土单元退出《海牙证券公约》。在保存机关收到通知之日起满12个月后的第一个月的第一天退出生效;如果通知规定了更长期限,则在保存机关收到通知之日起该更长期限届满后生效。

23-2 保存机关将第23条项下任何退出《海牙证券公约》的日期,通知海牙国际私法会议所有成员国以及已签署、批准、接受、核准或加入《海牙证券公约》的任何其他国家或区域经济一体化组织(参见第24条第5项)。

第 24 条　保存机关的通知

> 保存机关应将下列事项,通知海牙国际私法会议的成员国,以及根据第 17 条和第 18 条已签署、批准、接受、核准或加入本公约的其他国家和区域经济一体化组织——
>
> (一)本公约第 17 条和第 18 条提到的签署、批准、接受、核准或加入;
>
> (二)公约根据第 19 条生效的日期;
>
> (三)本公约第 22 条提到的声明以及撤回声明;
>
> (四)本公约第 18 条第 2 款提到的通知;
>
> (五)本公约第 23 条提到的退出。

24 - 1　本传统条款列出了条约保存机关——荷兰王国外交部的职责。相关条款评述已提到这些职责。

24 - 2　除第 24 条明示列举的职责,条约保存机关同时履行条约保存机关的其他惯常职能。包括保存《海牙证券公约》正本和批准书、接受书、核准书或加入书以及声明;接受《海牙证券公约》签署;审查每份签署和每份文件以保证其形式适当;《海牙证券公约》生效时在联合国秘书处登记(1969 年《维也纳条约法公约》第 77 条第 1 款)。条约保存机关同时还负责指导标准等事项,据以审核交存的文书是否可以接受和声明的格式。

第三部分　附　　件

附件一　《关于经由中介持有的证券的若干权利的适用法律的海牙公约》

本公约签署国，意识到巨大的和不断扩大的全球金融市场，亟须普遍通过清算结算系统或其他中介持有的证券的适用法律的法律确定性和可预见性；

意识到降低经由中介持有的证券的跨境交易的法律风险、系统性风险和相关成本，以便利资本国际流动和利用资本市场的重要性；

期望，建立能使经济发展各阶段的国家受益的、关于经由中介持有的证券的适用法律的共同规定；

承认，与中介的账户协议确定的“相关中介所在地之方法”提供必要的法律确定性和可预见性。

决定，为此目的缔结公约，并约定下列条款。

第一章　定义和适用范围

第1条　定义和解释

一、在本公约——

（一）“证券”是指任何股票、债券或其他金融票据或金融资产（现金除外），或任何其中权益；

（二）“证券账户”是指中介维护的可以贷记或借记证券的账户；

（三）“中介”是指在业务或其他惯常活动中为他人维护证券账户，或同时为他人和自己维护证券账户，并以此能力行为时；

（四）“账户持有人”是指中介为其名义维护证券账户的人；

（五）“账户协议”是指关于某一证券账户，与相关中介的、支配该证券账户的协议；

（六）“经由中介持有的证券”是指账户持有人由证券账户贷记证券创设的权利；

（七）“相关中介”是指为账户持有人维护证券账户的中介；

（八）“处分”是指任何绝对转让所有权或让与担保，或任何设定占有或非占有的担保权益；

（九）“完善”是指完成使处分对处分的当事人之外的人生效的任何必要步骤；

（十）对于中介，“营业所”是指中介从事任何活动的营业地，排除意为仅是临时的营业地及中介之外任何人的营业地；

（十一）“破产程序”是指为重整或清算的目的，集体的司法程序或行政程序，包括临时的程序，其中债务人的资产和事务受法院或其他有权部门控制或监督；

（十二）“破产管理人”是指被授权管理重整或清算的人，包括临时授权的人，包括适用的破产法允许的占有财产的债务人；

（十三）“多单元国家”是指在一国内部两个或更多领土单元，或该国与一个或更多领土单元，关于第 2 条第 1 款规定的任何事项有自己的法律规则的国家；

（十四）“书面”是指有形的或之后可以有形形式复制的其他形式的信息记录（包括电传信息）。

二、本公约提到处分经由中介持有的证券包括——

（一）处分证券账户；

（二）为账户持有人的中介利益的处分；

（三）由维护和运营证券账户的任何请求权产生的，为账户持有人的中介的法定留置权。

三、仅以下列理由，不视为本公约意义上的中介——

（一）以证券发行人的登记人或转让代理人能力行为的人；

（二）以他人的管理人或代理人能力行为，或从事其他纯粹管理职能，在本人簿记记录中介为他人名义维护的证券账户贷记的证券的明细。

四、除非第 5 款另有规定，作为中央证券存管机构的人维护的证券账户，在此账户贷记的证券，或可通过此人维护的证券账户的簿记转让的其他证券，对于这些证券此人视为本公约意义上的中介。

五、证券持有转让在发行人记录或其他作为对抗发行人的主要权益记录的系统,对于以该系统运营人能力行为的人维护的证券账户贷记的证券,证券成立依据的法律所属的缔约国可以在任何时间声明,系统运营人不是本公约意义上的中介。

第 2 条 本公约和适用法律的范围

一、本公约决定关于经由中介持有的证券的下列事项的适用法律——

(一)证券贷记证券账户创设的权利的法律性质和对抗中介和第三人的效力;

(二)处分经由中介持有的证券的法律性质和对抗中介和第三人的效力;

(三)处分经由中介持有的证券的任何完善要件;

(四)某人对经由中介持有的证券的权益是否使他人权益灭失或顺位先于他人权益;

(五)中介对账户持有人之外的任何人的任何义务,此人对经由中介持有的证券主张与账户持有人或其他人的权益竞合的权益;

(六)实现对经由中介持有的证券的权益的任何要件;

(七)处分经由中介持有的证券,是否及于有权取得分红、收入、其他分配,或者回购、出售或其他收益。

二、本公约决定关于经由中介持有的证券的处分或权益的第 1 款规定事项的适用法律,即使证券贷记证券账户创设的权利按照第 1 款第 1 项确定为合同性质。

三、受制于第 2 款,本公约不决定下列事项的适用法律——

(一)证券贷记证券账户产生的纯粹合同或其他纯粹对人的权利义务;

(二)处分经由中介持有的证券的当事人之间的合同或其他对人的权利义务;

(三)证券发行人、发行人的登记人或转让代理人的权利义务,无论是对账户持有人还是任何其他人。

第 3 条 国际性

本公约适用于所有涉及在不同国家法律之间进行选择的情形。

第二章 适 用 法 律

第 4 条 主要规则

一、本公约第 2 条第 1 款规定的全部事项的适用法律,为账户协议明示约定的支配账户协议的法律所属国家的生效法律,或如果账户协议明示约定,其他法律适用于全部这些事项,为该其他法律。根据本条款指定的法律,仅在约定时相关中介在该国有营业所时适用,营业所——

(一)独立或与在该国或其他国家的相关中介的其他营业所,或其他为相关中介行为的人共同——

i)实施或监督证券账户的簿记;

ii)管理经由中介持有的证券的相关付款或公司行动;

iii)其他从事维护证券账户的业务或其他惯常活动;或

(二)通过账户编号、银行编码或其他具体识别方式视为在该国维护证券账户。

二、为第1款第1项目的,根据下列规定,营业所不从事维护证券账户的业务或其他惯常活动——

(一)仅因为是支持证券账户的簿记或数据处理的技术的所在地;

(二)仅因为是与账户持有人交流的呼叫中心的地点或运营的所在地;

(三)仅因为是组织证券账户文件邮寄或存放文件或档案的所在地;或

(四)只从事与开立或维护证券账户的那些职能之外的代表职能或管理职能,且无权以任何方式约束性地决定是否订立任何账户协议。

三、关于账户持有人为中介利益向特定中介处分通过该中介持有的特定证券,无论中介在本人内部记录维护本人作为账户持有人的证券账户,为本公约目的——

(一)该中介是相关中介;

(二)账户持有人与该中介的账户协议是相关账户协议;

(三)为第5条第2款和第3款目的,证券账户是处分前最后贷记证券的证券账户。

第5条　备用规则

一、如果第4条无法确定适用法律,但书面账户协议明示无歧义地声明相关中介通过特定营业所订立协议,第2条第1款全部事项的适用法律是当时该营业所所在的国家或多单元国家领土单元的生效法律,条件是当时该营业所符合第4条第1款第二句规定条件。确定账户协议是否明示无歧义地声明相关中介通过特定营业所订立账户协议时,不考虑下列因素——

(一)应当或可以对相关中介在该营业所送达通知或其他文件的条款;

(二)应当或可以针对相关中介提起诉讼的特定国家或特定的多单元国家

领土单元的条款;

(三)相关中介应当或可以在该营业所提供任何账单或其他文件的条款;

(四)相关中介应当或可以在该营业所提供任何服务的条款;

(五)相关中介应当或可以在该营业所从事或履行的任何运营或职能的条款。

二、如果第1款无法确定适用法律,适用法律是书面账户协议订立时,或不存在这种协议时是在证券账户开立时,法人中介成立或其他组织的中介成立依据的法律所属的国家或多单元国家领土单元的生效法律;但如果法人中介成立或其他组织的中介成立,依据多单元国家的法律而非该国领土单元的法律,适用法律是书面账户协议订立时,或不存在这种协议时是证券账户开立时,相关中介营业地或(相关中介有一个以上营业地时)主营业地所在的多单元国家该领土单元的生效法律。

三、如果第1款和第2款都无法确定适用法律,应适用的法律是书面账户协议订立时,或不存在账户协议时证券账户开立时,相关中介营业地或主营业地(相关中介有一个以上营业地时)所在的国家或多单元国家领土单元的生效法律。

第6条 不予考虑的因素

按照本公约确定适用法律时,不得考虑下列因素——

(一)证券发行人作为法人或其他组织的成立地、法定住所地、登记营业所地、中央管理地、营业地、主营业地;

(二)代表或证明证券的凭证所在地;

(三)由发行人维护的或为发行人维护的证券的记名持有人登记册所在地;或

(四)相关中介之外的任何中介的所在地。

第7条 适用法律变更时的权利保护

一、如果修改账户协议以变更根据本公约应适用的法律,本条适用。

二、本条——

(一)“新法”,是指变更后根据本公约应适用的法;

(二)“旧法”,是指变更前根据本公约应适用的法。

三、受制于第4款,新法支配全部第2条第1款规定事项。

四、除了对于同意法律变更的人,旧法继续支配——

(一)法律变更前产生的经由中介持有的证券的权益的成立以及法律变更

前处分这些证券的完善。

（二）对于法律变更前产生的经由中介持有的证券的权益——

i）此权益的法律性质和对中介及法律变更前处分这些证券的任何当事人的效力；

ii）此权益的法律性质和对抗法律变更后扣押证券的人的效力；

iii）决定全部第 2 条第 1 款规定的事项对抗法律变更后启动的破产程序的破产管理人。

（三）法律变更前产生的权益的当事人之间的顺位。

五、第 4 款第 3 项不排除新法支配按照旧法产生而按照新法完善的权益的顺位。

第 8 条　破产

一、即使破产程序启动，根据本公约应适用的法律，支配关于破产程序启动前发生的任何事件的全部第 2 条第 1 款事项。

二、本公约不影响任何实体或程序的破产规则适用，包括任何与下列事项相关的规则——

（一）请求权类型的排序，因不公平偏颇或欺诈债权人的转让而撤销处分；或

（二）破产程序启动后强制执行权利。

第三章　一般规定

第 9 条　公约的普遍适用

无论适用法律是否是缔约国法律，本公约适用。

第 10 条　排除法律选择规范（反致）

本公约中，术语“法律”是指在一国冲突规范之外的生效法律。

第 11 条　公共政策与国际强制性规则

一、本公约确定的适用法律，仅在其适用的结果明显违背法院地的公共政策时得以拒绝适用。

二、本公约不排除法院地法的不考虑冲突规范，即使对国际情形必须适用的那些规则适用。

三、本条不允许适用法院地法关于完善的强制性要件或竞合权益顺位的规定，除非法院地法根据本公约是适用法律。

第 12 条　为多单元国家确定适用法律

一、如果账户持有人与相关中介约定多单元国家特定领土单元的法律：

(一)第 4 条第 1 款第一句提到的“国家”是指该领土单元；

(二)第 4 条第 1 款第二句提到的“国家”是指该多单元国家本身。

二、适用本公约时——

(一)多单元国家领土单元的生效法律既包括该单元的法律，也包括在该单元适用的该多单元国家自身的法律；

(二)如果多单元国家领土单元的生效法律指定该国其他领土单元的法律支配通过公共备案、记录或登记进行的公示，则该其他领土单元的法律支配该问题。

三、多单元国家可以在签署、批准、接受、核准或加入时声明，如果按照第 5 条适用法律是该多单元国家或该国领土单元的法律，该多单元国家生效的内部法律选择规范决定是否适用多单元国家或该多单元国家特定领土单元的实体法规则。作出此声明的多单元国家应将这些内部法律选择规范内容的信息，提交海牙国际私法会议常设事务局。

四、多单元国家可在任何时间声明，如果根据第 4 条的规定，适用法律为该国一领土单元的法律，则该领土单元的法律仅在相关中介在该领土单元有符合第 4 条第 1 款第二句规定条件的营业所时适用。此类声明不影响声明生效前的证券处分。

第 13 条　一致解释

解释本公约，应注意其国际性以及促进其适用的一致性的需要。

第 14 条　审议本公约的实际实施

海牙国际私法会议秘书长应定期召集特别委员会，审议本公约的实际实施，考虑是否有必要对本公约进行任何修改。

第四章　过渡性规定

第 15 条　前公约权益和后公约权益的顺位

在缔约国，根据本公约确定的适用法律决定，一人在本公约对该国生效后取得的经由中介持有的证券的权益，是否灭失或顺位先于其他人在本公约对该国生效前取得的权益。

第 16 条 前公约账户协议及证券账户

一、本公约提到的“账户协议”包括本公约根据第 19 条第 1 款生效之前订立的账户协议。本公约提到的“证券账户”包括本公约根据第 19 条第 1 款生效之前开立的证券账户。

二、除非账户协议有条款明示援引本公约，对于本公约根据第 19 条对该国生效之前订立的证券账户协议，缔约国法院适用第 4 条第 1 款时，应适用第 3 款和第 4 款。缔约国可在签署、批准、接受、核准或加入时声明，对于本公约根据第 19 条第 1 款生效之后而在本公约根据第 19 条第 2 款对该国生效之前订立的协议，该国法院不适用这些条款。如果缔约国是多单元国家，则可对任何领土单元作出这种声明。

三、如果按照支配账户协议的法律的国家的规则，账户协议任何明示条款的效力是，特定国家或特定多单元国家的领土单元的生效法律适用于任何第 2 条第 1 款事项，该条款有使该法支配全部第 2 条第 1 款事项的效力，条件是在订立账户协议时，相关中介在该国有符合第 4 条第 1 款第二句规定的条件的营业所。缔约国可在签署、批准、接受、核准或加入时声明，如果本款所述账户协议的当事人明示约定证券账户在另一国维护，则该国法院对该协议不适用本款。如果缔约国是多单元国家，则可对任何领土单元作出这种声明。

四、如果第 16 条第 3 款适用的账户协议之外的协议的当事人，约定证券账户在特定国家或特定多单元国家的领土单元维护，则该国家或该领土单元的生效法律是全部第 2 条第 1 款事项的适用法律，条件是订立账户协议时相关中介在该国有符合第 4 条第 1 款第二句规定的条件的营业所。此约定可以是明示的，也可以根据合同条款整体或相关事实推定。

第五章 最后条款

第 17 条 签署、批准、接受、核准或加入

一、本公约将对所有国家开放签署。

二、本公约应由签署国批准、接受或核准。

三、未签署本公约的任何国家，可在任何时间加入本公约。

四、批准、接受、核准或加入本公约的文件，应交存本公约的保存机关荷兰王国外交部。

第 18 条　区域经济一体化组织

一、由主权国家组成且对受本公约支配的某些事项有权限的区域经济一体化组织,同样可以签署、接受、核准或加入本公约。区域经济一体化组织在该情况下享有缔约国的权利义务,限于该组织对受本公约支配事项有权限。本公约中涉及缔约国的数量时,区域经济一体化组织不在作为本公约缔约国的成员国之外另行计算。

二、区域经济一体化组织应当在签署、接受、核准或加入时,书面通知保存机关,具体列出关于本公约支配事项已由其成员国转移到该组织的权限。区域经济一体化组织应及时书面通知保存机关,依照本款通知列出的权限分配的任何变更,以及任何新的权限转移。

三、本公约提到的“一个缔约国”或者“几个缔约国”,在适当情况下同样适用于区域经济一体化组织。

第 19 条　生效

一、本公约第 17 条提到的批准、接受、核准或加入文书交存后,3 个月届满后第一个月的第一天,本公约生效。

二、下列日期之后本公约生效——

(一)对于之后批准、接受、核准或加入本公约的各国或第 18 条提到的各区域经济一体化组织生效,在该国或该组织交存批准、接受、核准或加入文书后 3 个月届满后第一个月的第一天;

(二)对于本公约根据第 20 条第 1 款扩展适用的领土单元,在该条提到的声明通知后 3 个月届满后第一个月的第一天。

第 20 条　多单元国家

一、多单元国家可在签署、批准、接受、核准或加入时声明,本公约应扩展适用于该国的全部领土单元或者仅适用于其中一个或多个领土单元。

二、任何此类声明应明示陈述本公约适用的领土单元。

三、如果国家未依照第 1 款作出声明,则本公约对该国全部领土单元扩展适用。

第 21 条　保留

对本公约不得作出保留。

第 22 条　声明

为本公约第 1 条第 5 款、第 12 条第 3 款和第 4 款、第 16 条第 2 款和第 3 款、第 20 条之目的——

（一）任何声明应书面通知保存机关。

（二）任何缔约国可在任何时间通过提交新声明修改声明。

（三）任何缔约国可以在任何时间撤回声明。

（四）在签署、批准、接受、核准或加入公约时所作的任何声明，在公约对声明国生效时同时生效；之后所作的任何声明及任何新声明，在保存机关根据本公约第 24 条通知之日起 3 个月届满后第一个月的第一天生效。

（五）在公约保存机关根据第 24 条通知之日起 6 个月届满后第一个月的第一天，撤回声明生效。

第 23 条　退出

一、缔约国可以通过书面通知保存机关，退出本公约。退出可以限于公约适用的多单元国家的若干领土单元。

二、退出于公约保存机关收到退出通知之日起 12 个月届满后第一个月的第一天生效。通知中规定更长的退出的生效期限的，在保存机关收到该退出通知之日起该更长的期限届满时退出生效。

第 24 条　保存机关的通知

保存机关应将下列事项，通知海牙国际私法会议的成员国，以及根据第 17 条和第 18 条已签署、批准、接受、核准或加入本公约的其他国家和区域经济一体化组织——

（一）本公约第 17 条和第 18 条提到的签署、批准、接受、核准或加入；

（二）公约根据第 19 条生效的日期；

（三）本公约第 22 条提到的声明以及撤回声明；

（四）本公约第 18 条第 2 款提到的通知；

（五）本公约第 23 条提到的退出。

下列签署人经正式授权，签署本公约，以昭信守。

20……年……月……日，订于海牙，以英文和法文写成，两种文本同等作准。正本一份，应保存于荷兰政府档案馆。正本经核证的副本应通过外交渠道，发送截至第十九届会议之日海牙国际私法会议的每个成员国以及参加该会议的每个国家。

附件二 《海牙证券公约》谈判年表

提到的全部文件可在海牙国际私法会议网站查阅(under www. hcch. net)

2000 年 5 月

澳大利亚、英国、美国提议海牙会议以快速程序通过关于处分经由中介持有的证券适用法律的公约;成员国赞同并建议,海牙会议启动该文件的准备工作。

2000 年 11 月

常设事务局发布全面报告,分析未来由公约处理的各种问题。[34]

2001 年 1 月

在海牙举办专家会议,考察以快速程序准备公约的可能性;29 个国家和 17 个国际组织的 119 名专家参会;会议产生包括未来公约核心条款的暂行草案第一稿。[35]

2001 年 5 月

起草委员会在巴黎开会。

2001 年 6 月

海牙会议召开第十九届外交大会第一次会议;成员国正式支持经由中介持

---

[34] C. Bernasconi, *The Law Applicable to Dispositions of Securities Held Through Indirect Holding Systems*, Prel. Doc. No 1 of November 2000 for the attention of the Working Group of January 2001.

[35] 关于本次会议结果的总结,参见 *Report on the meeting of the Working Group of Experts* (15 *to* 19 *January* 2001) *and related informal work conducted by the Permanent Bureau on the law applicable to dispositions of securities held with an intermediary*, prepared by the Permanent Bureau, Prel. Doc. No 2 of June 2001 (this document was also presented as Prel. Doc. No 13 of June 2001 for the attention of the Nineteenth Session of the Hague Conference)。

有的证券项目,包括快速程序;决定于 2002 年 1 月举办特别委员会会议。

2001 年 7 月

基于收到评论和起草委员会 2001 年 5 月巴黎的工作,常设事务局发布关于未来公约核心条款的新的附注释草案(2001 年 7 月附注释草案[36]);成员国和利害关系方受邀在 2001 年 10 月前提交评论。[37]

2001 年 10 月

起草委员会在牛津开会,准备新的核心条款的中间草案,考虑收到的对 2001 年 7 月附注释草案的大量评论;本草案(2001 年 11 月草案[38])发给所有成员国、观察员和任何利害相关方供其评论。

2001 年 11 月

常设事务局发布联邦条款备忘录,以及加入未来公约新的起草计划。[39]

2001 年 11 月/12 月

常设事务局举办第一系列的 8 场区域讨论会(斯德哥尔摩、多伦多、纽约、巴黎、米兰、法兰克福、中国香港特别行政区和里约热内卢),与国家官员、法律专家和市场参与者,讨论评估 2001 年 11 月草案。

2001 年 12 月

起草委员会在布鲁塞尔开会,考虑对 2001 年 11 月草案的各评论,准备新

㊱ *Tentative text on key provisions for a future Convention on the law applicable to proprietary rights in indirectly held securities*, *Suggestions for further amendment of the text contained in Working Document No* 16 *of the January* 2001 *experts' meeting*, submitted by the Permanent Bureau, Prel. Doc. No 3 of July 2001 for the attention of the Special Commission of January 2002.

㊲ See the *Chart summarising comments received on the* "*Annotated July* 2001 *draft*", prepared by the Permanent Bureau, Prel. Doc. No 5 of November 2001 for the attention of the Special Commission of January 2002.

㊳ *Tentative text on key provisions for a future Convention on the law applicable to certain rights in respect of Securities held with an intermediary*, *Suggestions for further amendment of the text Contained in Preliminary Document No* 3 *of July* 2001 (*annotated July* 2001 *draft*), submitted by the Permanent Bureau, Prel. Doc. No 6 of November 2001 for the attention of the Special Commission of January 2002.

㊴ *Memorandum on federal clauses with new drafting proposals for a future Hague Convention on the law applicable to certain rights in respect of securities held with an intermediary*, Prel. Doc. No 4 of November 2001, submitted by the Permanent Bureau.

的未来公约核心条款的中期草案。[40]

2002 年 1 月

特别委员会开会,定稿新的全面的公约草案;草案(2002 年 1 月预备草案[41])分发所有成员国、观察员和任何利害相关方供其评论。[42]

2002 年 3 月

起草委员会在法兰克福开会,考虑对 2002 年 1 月预备草案的各种评论,准备新的未来公约核心条款的草案(2002 年 4 月预备草案[43]);草案分发所有成员国、观察员和任何利害相关方供其评论。[44]

2002 年 4 月

常设事务局提出未来公约对多单元国家的适用的解释说明。[45]

2002 年 4 月

海牙会议第十九届外交大会一般事务政策第一委员会召开会议;代表一致赞同项目当时已完成的工作和采用的灵活工作方法;决定以当时已采用的工作

---

[40] *Tentative text on key provisions for a future Convention on the law applicable to certain rights in respect of securitiesheld with an intermediary*, *Suggestions for further amendment of the text contained in Preliminary Document No* 6 *of November* 2001 (*November* 2001 *draft*), submitted by the Permanent Bureau, Prel. Doc. No 7 of December 2001 for the attention of the Special Commission of January 2002.

[41] *Preliminary draft Convention on the law applicable to certain rights in respect of securities held with an intermediary*,as adopted by the Special Commission on 17 January 2002 (provisional version), Prel. Doc. No 8 of February 2002, submitted by the Permanent Bureau.

[42] *Chart summarising the comments received on the provisional version of the "preliminary draft Convention on the law applicable to certain rights in respect of securities held with an intermediary" as adopted by the Special Commission on* 17 *January* 2002 (*Prel. Doc. No* 8), Prel. Doc. No 9 of March 2002, submitted by the Permanent Bureau.

[43] *Preliminary draft Convention on the law applicable to certain rights in respect of securities held with an intermediary*, *Suggestions for amendment of the provisional version adopted by the Special Commission on* 17 *January* 2002, Prel. Doc. No 10 of April 2002, submitted by the Permanent Bureau.

[44] See the *Chart summarising the comments received on the "April* 2002 *preliminary draft Convention on the law applicable to certain rights in respect of securities held with an intermediary"* (*Prel. Doc. No* 10), Prel. Doc. No 14 of May 2002, submitted by the Permanent Bureau.

[45] *Explanatory Note on Article* 9 *of the preliminary draft Convention on the law applicable to certain rights in respect of securities held with an intermediary*, ("*April* 2002 *preliminary draft*" *contained in Preliminary Document No* 10), Prel. Doc. No 11 of April 2002, submitted by the Permanent Bureau.

方法将公约定稿,并尽可能于2002年年末之前召开外交会议。[46]

2002年5月

常设事务局提出关于公约冲突规范对涉及多个中介的转让适用的解释说明。[47]

2002年5月

常设事务局提出建议重新起草第4条和第4条之二;提出公约主要冲突规范不应再关注维护账户所在地的概念,因该方法不能产生要求的法律确定性和可预见性;常设事务局提出关注相关中介及账户持有人的协议,并对协议加以具体条件限制。[48]

2002年5月

起草委员会在伦敦开会,考虑对2002年4月预备草案的各评论,准备新的核心条款草案(2002年6月准备草案[49]);草案分发所有成员国、观察员和任何利害相关方供其评论。[50]

2002年6月/7月

常设事务局举办第二轮的9场区域讨论会(悉尼、东京、伦敦、哥本哈根、法兰克福、罗马、巴黎、多伦多、纽约),与国家官员、专家和市场参与者讨论评估2002年6月准备草案。

---

[46] See the *Conclusions of Commission* Ⅰ (*General Affairs and Policy of the Conference*) *of the* ⅩⅨ*th Diplomatic Session – April* 2002.

[47] *Transfers involving several intermediaries*: *An Explanatory Note on the functioning of PRIMA within the framework of the preliminary draft Convention on the law applicable to certain rights in respect of securities held with an intermediary*, Prel. Doc. No 12 of May 2002, submitted by the Permanent Bureau. In response to this Note, the Japanese delegation to the Hague Securities project, submitted a document with *Comments on transfers involving two or more intermediaries*: *a response to Preliminary Document No* 12; *this document was submitted as Prel. Doc. No* 14*A*.

[48] *Proposal for a redraft of articles* 4 *and* 4 *bis*, Prel. Doc. No 13 of May 2002, submitted by the Permanent Bureau.

[49] *Preliminary draft Convention on the law applicable to certain rights in respect of securities held with an intermediary*, *Suggestions for amendment of the* "*April* 2002 *preliminary draft*", Prel. Doc. No 15 of June 2002, submitted by the Permanent Bureau.

[50] See the *Chart reflecting the comments received on the* "*Preliminary draft Convention on the law applicable to certain rights in respect of securities held with an intermediary*" (*Prel. Doc. No* 15) *and on* "*Options A and B in Article* 4(1)" (*Prel. Doc. No.* 16), Prel. Doc. No 18 of November 2002, submitted by the Permanent Bureau.

2002 年 9 月

常设事务局总结对未来公约核心条款(第 4 条主要冲突规范)建议的支持与反对,反映 9 场区域讨论会讨论成果。[51]

2002 年 10 月

常设事务局发布备忘录,关于公约是否需要具体条款,确保适用法律对通过某一中介持有证券的全部处分适用同一法律,无论处分是担保权益形式,让与担保或绝对转让所有权。[52]

2002 年 11 月

常设事务局发布更新的图表,反映对公约应纳入的主要冲突规范的各种可选建议的支持与反对,[53]以及对 2002 年 10 月提出备忘录的反馈的总结。[54]

2002 年 12 月

公约草案的文本在外交会议期间通过。

2003 年 2 月

再次清理 2002 年 12 月通过的文本后,常设事务局公布公约草案的最终文本。

---

[51] *Options A and B in Article* 4(1): *A brief summary of the results of the discussions at the* 9 *regional discussion workshops held in Asia, Europe and North America throughout June and July* 2002, Prel. Doc. No 16 of September 2002, submitted by the Permanent Bureau.

[52] *Does the current draft of the Convention adequately ensure that the relevant intermediary [...] is the same for all dispositions of securities held with a particular intermediary, or is there a need for a specific provision to achieve this?*, Prel. Doc. No 17 of October 2002, submitted by the Permanent Bureau.

[53] *Charts summarising the "pros and cons" of the Options A, A + and B in Article* 4(1), Prel. Doc. No 18 bis of November 2002, submitted by the Permanent Bureau.

[54] *Summary of reactions to Prel. Doc. No.* 17: "*Does the current draft of the Convention adequately ensure that the relevant intermediary [...] is the same for all dispositions of securities held with a particular intermediary, or is there a need for a specific provision to achieve this?*", Prel. Doc. No 18 ter of November 2002, submitted by the Permanent Bureau.

附件三 《海牙证券公约》谈判中产生的全部准备文件清单

（略）

附件四　2002 年 12 月 2 ~ 13 日外交会议的所有参会专家名单

（略）

主题索引

数字指段落编号。

B

D

E

Q

R

图书在版编目(CIP)数据

《海牙证券公约》解释报告：第二版 / (英) 罗伊·古德，(日) 神田秀树，(德) 卡尔·克鲁泽著；梁雯雯译. -- 北京：法律出版社，2023
(国际法文库)
书名原文：Explanatory Report on the 2006 Hague Securities Convention
ISBN 978-7-5197-6770-9

Ⅰ. ①海… Ⅱ. ①罗… ②神… ③卡… ④梁… Ⅲ. ①《海牙证券公约》－研究 Ⅳ. ①D996.2

中国版本图书馆 CIP 数据核字(2022)第 116555 号

《海牙证券公约》解释报告(第二版)
《HAIYA ZHENGQUAN GONGYUE》
JIESHI BAOGAO (DI-ER BAN)

[英]罗伊·古德
[日]神田秀树 著
[德]卡尔·克鲁泽
梁雯雯 译

策划编辑 沈小英
责任编辑 刘晓萌
装帧设计 李 瞻

出版发行 法律出版社
编辑统筹 法治与经济出版分社
责任校对 王晓萍
责任印制 吕亚莉
经　　销 新华书店

开本 710 毫米×1000 毫米 1/16
印张 13.75 **字数** 256 千
版本 2023 年 4 月第 1 版
印次 2023 年 4 月第 1 次印刷
印刷 固安华明印业有限公司

地址：北京市丰台区莲花池西里 7 号(100073)
网址：www.lawpress.com.cn
投稿邮箱：info@lawpress.com.cn
举报盗版邮箱：jbwq@lawpress.com.cn
销售电话：010-83938349
客服电话：010-83938350
咨询电话：010-63939796

书号：ISBN 978-7-5197-6770-9
定价：116.00 元
凡购买本社图书，如有印装错误，我社负责退换。电话：010-83938349